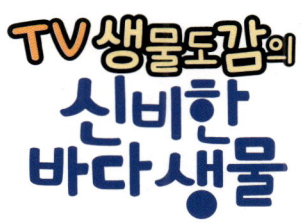

지음 TV생물도감

어려서부터 다양한 생물에 관심이 많아 늘 자연 속의 생물을 관찰하며 시간을 보내는 것을 좋아했어요. 이러한 생물에 관한 관심으로 생명과학과를 졸업하고 생물 연구소에서 근무했어요. 최근엔 다양한 생물을 생생한 영상으로 소개하고자 'TV생물도감'이라는 유튜브 채널을 운영하고 있어요. TV생물도감은 말 그대로 '책으로만 접하는 생물도감'이 아닌 'TV로도 볼 수 있는 생물도감'이라는 뜻이에요. 현재는 수십만 명에 달하는 구독자를 보유하고 있답니다. 다양한 분야의 생물을 좋아하지만, 요즘은 특히 바다 생물에 관심이 많아요. 사람들에게 잘 알려지지 않은 독특한 바다 생물을 관찰하고 키우는 재미에 푹 빠져 있답니다!

그림 유남영

만화를 전공하고 캐릭터 디자이너 겸 일러스트레이터로 활동 중입니다. 『에그박사의 닮은꼴 사파리』, 『둥글둥글 지구촌 인권 이야기』, 『지구에서 절대로 사라지면 안 될 다섯 가지 생물』 등 많은 책에 멋진 그림을 그렸습니다.

TV생물도감의 신비한 바다생물

지은이 TV생물도감 | 그린이 유남영
펴낸이 정규도 | 펴낸곳 (주)다락원

초판 1쇄 발행 2021년 07월 26일
　　 4쇄 발행 2024년 08월 28일
편집 김유리, 김가람 | 디자인 최성경

다락원 경기도 파주시 문발로 211
내용문의 (02) 736-2031 내선 277 | 구입문의 (02) 736-2031 내선 250~252 | Fax (02) 732-2037
출판등록 1977년 9월 16일 제406-2008-000007호

Copyright ⓒ 2021, TV생물도감

저자 및 출판사의 허락 없이 이 책의 일부 또는 전부를 무단 복제·전재·발췌할 수 없습니다. 구입 후 철회는 회사 내규에 부합하는 경우에 가능하므로 구입문의처에 문의하시기 바랍니다. 분실·파손 등에 따른 소비자 피해에 대해서는 공정거래위원회에서 고시한 소비자 분쟁 해결 기준에 따라 보상 가능합니다. 잘못된 책은 바꿔 드립니다.

ISBN 978-89-277-4769-7 73490

http://www.darakwon.co.kr
다락원 홈페이지를 통해 인터넷 주문을 하시면 자세한 정보와 함께 다양한 혜택을 받으실 수 있습니다.

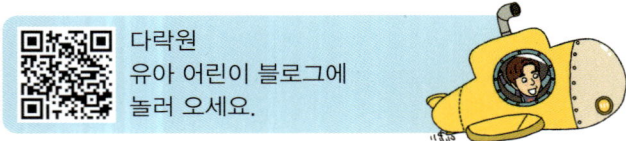

TV 생물도감의 신비한 바다생물

TV생물도감 지음
유남영 그림

다락원

안녕 친구들! 내 이름은 TV생물도감이야.
줄여서 생도라고 불러 줘!
나는 유튜브에서 다양한 생물을 소개하는
'TV생물도감'이라는 채널을 운영하고 있어.
요즘은 독특한 바다 생물을 관찰하고
키우는 재미에 푹 빠져 있어~

산과 들, 그리고 강과 바다에는 모두 각각의 특색이 있어요. 그리고 그 안에는 아주 다양한 신비 생물들이 살아가요. 하지만 바다 생물만큼 독특하고 다양한 생물들이 존재하는 곳은 없다고 생각해요. 지구 면적의 70%는 바다로 둘러싸여 있고 그 넓고 깊은 바닷속엔 아직 우리가 발견하지 못한 바다 생물이 넘쳐난다고 해요. 다양한 바다 생물은 우리 인간에게 훌륭한 자원이 되어 주기도 하고, 멋지고 예쁜 반려 생물이 되어 주기도 합니다.

하지만 이렇게 다양하고 매력적인 바다 생물에 대한 사람들의 관심은 매우 부족해요. 또 많은 사람들이 바다 생물에 대해 잘 이해하지 못해요. 그래서 이 책을 통해 바다에는 굉장히 아름답고 신기한, 때로는 매우 위험하고 무서운 생물들이 살아가고 있다는 사실을 알리고 싶어요. 또, 여러분이 바다 생물에 좀 더 친숙하게 다가가는 계기가 되었으면 좋겠어요. 보다 많은 사람들이 바다 생물에 관심을 가져야만 비로소 우리의 아름다운 바다 생물들을 지킬 수 있답니다.

2021년, TV생물도감

추천사

에그박사도 열심히 시청하고 있는 TV생물도감! 수많은 생물인들의 필수 구독 유튜버 1순위!! TV생물도감님의 유익한 바다 생물 이야기를 재밌는 도감으로 볼 수 있다니!! 너무 기대됩니다.

에그박사

와~~ 이렇게 다양한 생물들을 책 하나로 볼 수 있다니 정말 좋네요! 신비로운 바다 생물들을 많이 배울 수 있는 것 같아 강력 추천 드립니다!

정브르

특유의 유쾌함과 정보 전달이 포함된 도감이었습니다. 시간 가는 줄 모르고 바다 생물들에 빠져들었습니다. 평택 비스트 마스터 TV생물도감 파이팅!

다흑

쉽고 재밌고 유익합니다! 생물의 중요한 특징들을 쉽고 자세하게 설명해 두었네요. 자연과 생물을 좋아하는 친구들에게 강력히 추천합니다.

오브리더

차례

TV생물도감이 직접 키우는 신비한 바다 생물!

맨티스쉬림프 · 12

해마 · 16

전기조개 · 20

투구게 · 24

할리퀸쉬림프(광대새우) · 28

가든일(정원장어) · 32

색댕기곰치(리본장어) · 36

폼폼크랩 · 40

철갑둥어 · 44

 말미잘 · 48

갯민숭달팽이 · 52

쏠배감펭 · 56

데코레이터크랩 · 60

흰동가리(니모) · 64

보름달물해파리 · 68

씬벵이(프로그피쉬) · 72

얕은 해안가의 의외의 바다 생물!

딱총새우 · 78

앵무조개 · 82

파란고리문어 · 86

청자고둥 · 90

흉내문어(미믹옥토퍼스) · 94

대왕조개 · 98

어두운 심해의
미스터리 바다 생물!

블롭피쉬 · 104
초롱아귀(심해아귀) · 108
산갈치 · 112
실러캔스 · 116
바티노무스 기간테우스 · 120
통안어(배럴아이) · 124
덤보문어 · 128
개복치 · 132

바닷속 주먹왕, 맨티스쉬림프

임신하는 아빠?! 해마

찌릿찌릿! 전기조개

신비로운 파란 피, 투구게

불가사리 포식자! 할리퀸쉬림프(광대새우)

소심함 끝판왕, 가든일(정원장어)

리본 체조 선수, 색댕기곰치(리본장어)

권투하는 게, 폼폼크랩

살아 있는 붕어빵, 철갑둥어

이래 봬도 육식 동물, 말미잘

형형색색 말랑말랑, 갯민숭달팽이

바다의 무법자, 쏠배감펭

위장술의 달인, 데코레이터크랩

만화에서 툭 튀어나온, 흰동가리(니모)

말캉말캉 바다의 젤리! 보름달물해파리

머리 위의 낚싯대, 씬벵이(프로그피쉬)

TV생물도감이 직접 키우는
신비한 바다 생물!

바닷속 주먹왕, 맨티스쉬림프

첫인상

맨티스(mantis)는 사마귀, 쉬림프(shrimp)는 새우라는 뜻이야. 이름은 새우지만, 사실 난 갯가재야.

새우라고 놀리지 말아요~

추천 영상 Q

빨. 주. 노. 초. 파. 남. 보
무지개색을 모두 가진 아름다운 자태!
어때, 나 멋지지?

동작 그만! 난 뒤에도 눈 있다. 360도 모든 방향을 볼 수 있는 시력 천재거든. 자외선과 적외선 영역을 모두 감지할 수 있어. 먹잇감들아, 내 근처에 얼씬거리지 않는 게 좋을 거야!

휙~ 휙~
바다의 사마귀?
덥벅, 덥벅!

지켜본다!
삐리빠리 삐리빠리

내 매력 포인트는 무시무시한 앞다리!
커다란 한 쌍의 앞다리로 먹이를 움켜쥐기 때문에 바다의 사마귀라는 이름이 붙었어.

샤샤샥~ 샤샤샥~
다다다다

사냥할 때는 헤엄다리를 다다다다 빠르게 움직여서 쏜살같이 먹이를 낚아채지.

화려한 몸 중에서도 엄청난 발색을 자랑하는 꼬리 부채!
추진력 있게 앞으로 나아갈 때 써.

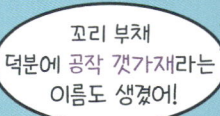
꼬리 부채 덕분에 공작 갯가재라는 이름도 생겼어!

분류 갯가재과
크기 약 5~40cm
먹이 조개, 갑각류 등
서식지 인도양, 서태평양 등
특징 강력한 펀치

어항 유리도 박살 낸다는 공포의 갯가재, 맨티스쉬림프!
알록달록 아름다운 모습과 달리 엄청난 파괴력의
무시무시한 주먹을 가지고 있다는데요.
맨티스쉬림프의 핵 펀치를 구경해 볼까요?

반전매력

퍽! 퍽! 핵 펀치의 위력!
커다란 한 쌍의 앞다리로
핵 매운맛 펀치를 날려서 먹이를 두들겨 패.
어지간한 상대는 초.전.박.살!

← 엄청난 쇼크 웨이브로 인한 기포!

보글보글
펀치를 날릴 때 주변에 거품이 보글보글 올라오는데,
엄청난 속도에 쇼크 웨이브로 인한 기포가 발생한 거야!
쇼크 웨이브는 초고속 카메라로만 관찰할 수 있다는 사실!

삐삐삐삐
고통을 즐기는 사람이 아니라면 절대 손으로 잡지 말 것!
성격도 아주 다혈질이라 살아 움직이는 건 모조리 공격해.
단독 어항은 필수!

잠자는 맨티스 형님의 코털을 건드리지 마라!
주로 단독 생활을 하는 야행성 맨티스쉬림프는
낮에 보통 모래나 굴속에 파고들어 지내다가
밤에 기어 나와서 사냥을 시작해.

한줄평
화려한 겉모습과
무시무시한 성격에
감탄과 두려움이 교차하는
기묘한 생물!

TV생물도감의 리얼 관찰일기

바지락 살해 사건!

맨티스쉬림프의 입양 디데이

무시무시한 핵 펀치로 비닐에 구멍을 낼까 봐 비닐 여러 장을 겹쳐서 모셔 왔어요.
어항에 들어가서도 자꾸만 어항 유리 벽을 때리는 맨티스 형님!
어항이 깨질까 봐 조마조마합니다….

드디어 먹이를 줄 시간!

맨티스쉬림프는 강력한 펀치를 가지고 있어서 단단한 먹이도 쉽게 깨 먹을 수 있어요.
그래서 준비한 바지락!
단단한 껍데기를 가진 조개를 맨티스 형님이 드실 수 있을까요?

프로 먹방러 맨티스쉬림프

맨티스쉬림프는 먹성이 좋아서 편식 없이 다양한 먹이를 먹어요! 꼭 살아 있는 먹이가 아니어도 냉동 해산물이나 심지어 물고기 사료도 잘 먹는답니다!

산산조각 난 바지락

맨티스 형님의 펀치 한 방에 바지락은 산산조각이 나고, 처참히 용궁으로 떠나고 말았어요.
매정한 맨티스 형님은 조개껍데기 속 부드러운 속살을 꺼내 먹기 시작합니다.

천방지축 어리둥절 빙글빙글 돌아가는
생도의 하루 ♬

TV생물도감의 리얼 관찰일기

자고 일어나 보니 어항이 난장판이네요!
도대체 무슨 일일까요?
굴을 파고 몸을 숨기기 좋아하는
맨티스 형님이 벌인 만행이에요.

시작 전부터 벌써 어항 청소가 두려워요.
청소하다가 맨티스 형님의 펀치에
맞을까 봐 걱정이거든요.
하지만, 꾹 참고 청소를 시작합니다.

그러던 어느 날! 이게 무슨 일이죠?
맨티스쉬림프의 굴 주변이 예쁘게 꽃단장되어 있네요?
사실 맨티스쉬림프는 산호 조각이나 조개껍데기를 모아
집 주변을 꾸미기 좋아하는 갯가재랍니다!
인테리어 전문가라고 할 수 있죠!

임신하는 아빠?!
해마

🐟 **첫인상** 바닷속을 헤엄치는 말이 있다고?

아이, 깜짝이야!

히이이잉

추천 영상 Q

海 바다 해, 馬 말 마!
나는 물속에 서 있는 모습이 꼭 말을 닮아서 '바다의 말'이라는 이름이 붙었어. 어때? 말이랑 정말 판박이지?

말을 닮은 얼굴과 특이한 몸의 모양 때문에 물고기가 아니라는 오해도 받지만, 나도 엄연히 **물고기**라고!

머리에는 말갈기처럼 **돌기**가 튀어나와 있고, **주둥이**는 관처럼 앞으로 길게 나와 있어.

뻐끔, 뻐끔~ 난 이빨도 없어. 흑흑.

수영 못하는 물고기도 있어?
둥실 둥실
휘이~ 휘이~

내가 물고기라는 증거를 보여 주지! 아주 작지만, **가슴지느러미**와 **등지느러미**를 가지고 있어! 슬프게도 꼬리지느러미가 없어서 수영 실력은 형편없지만 말이야…ㅠㅠ

꼭 높은음자리표 같네!

내 꼬리는 동그랗게 말려 있어. 이 꼬리로 주변 해초나 산호 등을 붙잡고 몸을 고정해.

쿨 쿨

분류 실고기과
크기 약 6~10cm
먹이 작은 새우, 곤쟁이 등
서식지 한국, 열대 및 온대 바다
특징 말을 닮은 얼굴

말의 얼굴을 쏙 빼닮은 바다 생물, 해마!
해마는 생김새만큼이나 신비한 생활 방식을 가지고 있는데요,
과연 어떻게 살아가는지 살펴볼까요?

레츠~고고!

해마는 아빠가 아이를 낳는다는데, 사실일까?

반전매력

사실 해마도 일반 물고기처럼 암컷이 알을 낳아.
하지만, 알을 낳는 장소가 특이하게도 **수컷의 육아낭**이야.
수컷이 자기 육아낭 속에 알을 품고 있다가 부화시키는데,
이게 꼭 수컷이 새끼를 낳는 것처럼 보이는 거야.

해마는 턱이 발달하지 않고,
입이 빨대처럼 긴 모양이라 벌릴 수가 없어.
그래서 먹이가 가까이 오기를 기다렸다가 조준해서
'쏙' 빨아 당겨 먹어야 해.

해마는 자유롭게 움직이는 꼬리로
주변 해초나 산호 등을 붙잡고 매달려서 숨어 있다가
지나가는 **작은 새우나 곤쟁이** 등을 잡아먹어.

숨어 있으면 아무도 모르지롱!

독특한 생김새 때문에
관상용으로 인기가 많지만,
키우기에 까다로운 친구니까
집에 데려오기 전에 신중하게
고민하자!

한줄평
생김새도 독특,
출산도 독특, 수영 실력도 독특!
그래도 물고기는 물고기!

17

해마 육아 난이도 = 상

손이 아주 많이 가는 편
해마는 소화 능력이 떨어져서 영양분 흡수를 잘하지 못해요. 그래서 종일 먹이를 주어야 하고, 그만큼 수조 청소도 자주 해야 해요!

해마는 편식쟁이!
해마는 다른 물고기들이 흔히 먹는 사료는 쳐다보지도 않아요. 해마가 원하는 건 오직 신선한 곤쟁이와 작은 새우뿐이에요.

해마를 만나려면 따뜻한 남쪽 바다로 가야 해요. 해안가나 항구에 있는 해초 사이를 조심히 살펴보세요. 운이 좋다면, 해마를 만날지도 몰라요!

해마 생존 능력 = 하

뜻밖의 생물 정보

해마는 생존 능력이 떨어지기 때문에 환경에 따라 몸의 색이나 무늬를 바꿔서 위장해요. 심지어 돌기의 형태와 길이까지 바꾸죠.

반찬으로 즐겨 먹는 멸치볶음 안에서 해마가 발견되는 경우가 종종 있어요. 새끼 해마의 크기가 멸치와 비슷해서 멸치를 잡는 그물에 해마도 같이 걸려 버린 거죠. 그렇게 같이 딸려 온 친구 중에는 새끼 꼴뚜기나 작은 새우도 있어요.

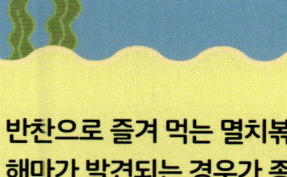

해마는 수컷이 알을 품어 새끼를 낳는 독특한 습성 때문에 임산부에게 좋다는 소문이 있어요. 그래서 예로부터 약재로 쓰이곤 했는데요. 멸종 위기에 처한 해마도 있으니, 발견하면 관찰만 하고 놓아주도록 해요.

찌릿찌릿! 전기조개

첫인상

시그널 보내~ ♬
찌릿 찌릿
사인을 보내~ ♬

내 이름은 몸속에서 전기 같은 빛을 번쩍거린다고 해서 붙여졌어.

누구냐? 넌?

추천 영상 Q

마치 불이 난 듯한 붉은 촉수들! 무슨 조개가 이렇게 강렬하냐고?

흐익! 생긴 거 왜 이래?

나는 주로 바위틈에 몸을 끼운 채 사는데, 얼핏 보면 새빨간 성게나 말미잘처럼 보여.

조개라고 해서 느리다고 생각하면 오산! 덮개를 열었다 닫았다 하면서 추진력을 얻어 빠르게 이동해!

다 저리 비켜!
딱딱

난 수십 개의 촉수를 뻗어서 물속의 작은 플랑크톤 등을 걸러 먹어.

잡았다 요놈들!

날 보면 캐스터네츠가 떠오르지 않니? '딱딱딱딱!'

캐스터네츠 짝짝짝!
딱딱

분류 외투조개과
크기 10cm 내외
먹이 플랑크톤
서식지 인도양, 태평양 등
특징 반짝이는 스파크

번쩍번쩍 빛을 반짝이는 전기조개!
그런데 진짜 전기가 흐르는 거라면 위험하지 않을까요?
대체 반짝이는 빛의 정체는 무엇일까요?

레츠~고고!

전기조개가 무섭고 징그러워 보여도 사실 세상 제일 소심한 겁쟁이야. 겁이 너무 많아서 적을 쫓거나 먹이를 유인하려고 빛을 내는 것뿐이야.

저… 저… 저리… 가 주실 수 있을까요?

반전매력

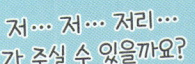

별거 아니구먼! 괜히 겁먹었어!

촉수 사이에서 나는 빛은 **전기가 아니야**. **외투막**이라는 곳에 있는 **반사판**을 빠르게 **진동**해서 마치 전기처럼 보이게 하는 속임수지!

쿡쿡

뭐야?

촉수들 사이에 혀처럼 길게 숨어 있는 건 **발**인데, 모래를 파고들거나 이동할 때 써.

안녕! 내 발한테 인사할래?

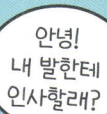

발

불꽃 카리스마 조개~

호우!

붉고 강렬한 촉수 때문에 해외에서는 나를 '불꽃조개' 혹은 '불꽃가리비'라고 부르기도 해.

한줄평

백만 볼트 감전 걱정은 NO!
알고 보면 겉모습만
위협적인 **겁쟁이**!

전기인 듯 아닌 듯!

TV생물도감의 리얼 관찰 일기

전기조개의 빛이 어떻게 생기는지 궁금해서 불을 꺼 보았어요. 그런데 불을 끄고 아무리 기다려도 빛을 볼 수 없었어요! 주위가 어두우면 전기조개가 빛을 반사하지 못하기 때문이래요.

"이게 뭐야! 빛이 안 나잖아!"

"빛난다고 한 적 없는뎅…."

도대체 무엇을 먹는지 알기 어려웠던 전기조개! 아직 전기조개에 관한 연구가 부족하지만 지금까지 밝혀진 바로는 플랑크톤 종류를 먹는다고 볼 수 있어요.

"플랑크톤! 게 서지 못하겠느냐!"

딱딱

먹이를 먹는 전기조개를 직접 보기 위해 다양한 먹이를 주었지만, 전기조개님은 관찰을 쉽게 허락하지 않았어요.

"언제까지 그렇게 비싸게 굴 거야?"

"나 소심하다니까…. 쳐다보면 못 먹어."

물고기 나라의 피카~츄!

뜻밖의 생물 정보

진짜 전기를 내는 생물!

전기조개의 전기는 속임수로 드러났지만, 물고기 중에 정말로 전기를 내는 친구들도 있어요. 몸속에 발전 기관을 가지고 있는 친구들인데, 전기가오리, 전기메기, 전기뱀장어가 대표적이에요.

어휴, 저 피카츄들 또 시작이네.

○ 발전 기관 ○ 전기를 내는 방향

전기뱀장어 / 전기가오리 / 전기메기 / 김나르쿠스 / 얼룩통구멍

이 생물들은 전기의 흐름을 통해 근처에 적이 나타났는지 알아채요. 또 작은 물고기를 기절시켜서 잡아먹기도 하죠.

전기가오리 30V < 전기메기 400V < 전기뱀장어 700V

형님! / 큰 형님! / 동생들, 왔는가!

신비로운 파란 피, 투구게

🐟 **첫인상**

투구를 뒤집어쓴 듯한 멋진 모습이지? 어지간한 공격에는 끄떡없어!

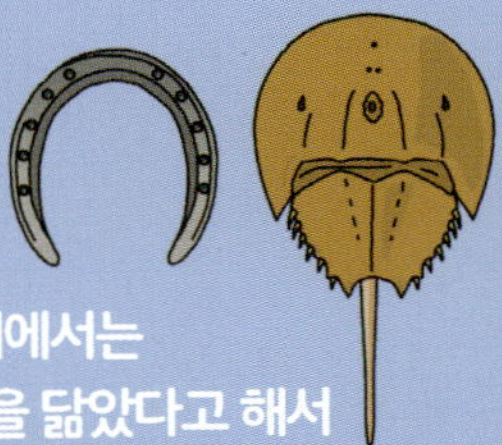

최선을 다해 공격 중
"누가 간지럽히나?"
얍! 얍!

해외에서는 **말발굽** 모양을 닮았다고 해서 '말발굽 게'라고도 불러.

말발굽: 말의 신발로 쓰는 쇳조각

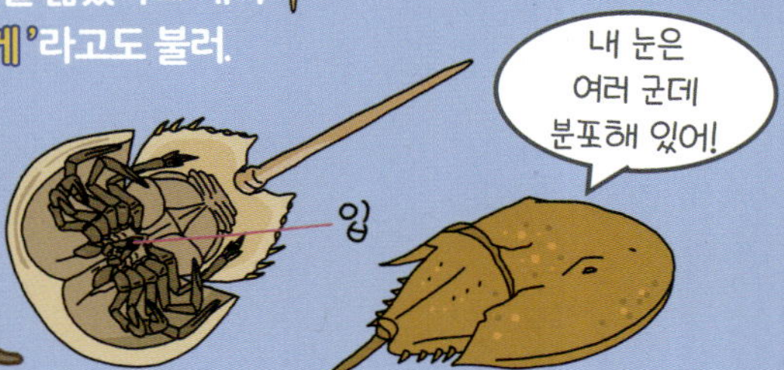

"내 눈은 여러 군데 분포해 있어!"

입

내 **눈**은 모두 9개야. 양옆에 큰 겹눈 2개가 있고, 몸의 윗면과 아랫면 구석구석에 빛과 사물을 감지하는 작은 홑눈이 숨어 있어. **입**은 아랫면 몸 중앙에 있어서 몰래 먹이를 먹을 수 있지!

몸 뒤쪽에는 수많은 **가시**가 솟아 있는데, 바로 나의 방어 무기야!

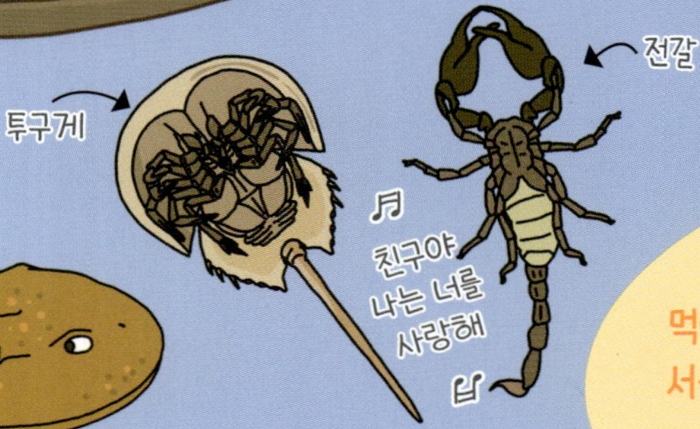

투구게

전갈

♪ 친구야 나는 너를 사랑해 ♪

"어우 야 알았어~ 살살해!"
샥 샥
"저리 안 가?"

이름에 '게'가 들어 있지만, 사실 난 유전적으로 **전갈**과 더 가까워! 배쪽을 보면 확실히 전갈과 닮아 있어.

분류 투구게과
크기 최대 약 80cm
먹이 갯지렁이 등 작은 생물
서식지 아시아, 북아메리카, 중앙아메리카 연안
특징 단단한 갑옷으로 덮인 몸

2억 년 전부터 지금까지 그 모습 그대로 살아가는 투구게!
특이한 생김새만큼이나 아주 신기한 비밀을 품고 있는데요.
투구게의 비밀을 파헤쳐 볼까요?

레츠~고고!

반전매력

부들 부들
미... 미안합니다....

파란색 피를 본 적 있니?

투구게의 피는 특이하게도 **파란빛**을 띠어. 여기에는 독특한 **면역 체계**가 들어 있어서 **의료 약품**을 개발하는 데 이용돼. 매년 50만 마리의 투구게가 헌혈을 당한대!

투구게의 피는 **세상에서 가장 비싼 피**야.
1L에 약 2,000만 원이나 한다고 하니, 사람 피보다 비싸!

헉!
1L 2000만원
상상도 못 한 가격!
2000만 원?!

혼자 있고 싶어.
자냐?

투구게는 **수영을 잘 못해**. 그래서 모래 바닥이나 펄 바닥을 기어 다니다가 갯지렁이 같은 작은 생물을 잡아먹지. 낮에는 주로 **모래 속**에 숨어 지낸대.

암컷은 얕은 연안의 갯벌이나 모래 바닥을 파고 3mm 정도의 작은 알을 수만 개 낳아. 알들이 천적인 사람이나 장어를 피해 오래 살아남아 지금까지 올 수 있었어.

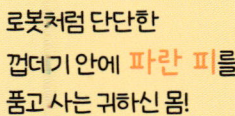
한줄평
로봇처럼 단단한 껍데기 안에 **파란 피**를 품고 사는 귀하신 몸!

왠지 미안하네.
머쓱...
너희만 없으면 돼....

꽁~
여기도 머쓱;
뒷걸음질하는 중...

25

자발적 신비주의

분명히 어항에 넣어 주었는데, 모습을 감춘 투구게! 어디로 도망간 걸까요? 모래 속에 숨어서 일주일째 감감무소식이네요!

귀하신 몸, 드디어 등장!

배고프실까 봐 식사를 대령했습니다! 집에서 키울 때는 바지락 살이나 오징어 살 등을 잘라 주면 맛있게 잘 먹어요. 물고기 사료도 잘 먹는답니다!

그런데 어느 날 어항 속에 죽어 있는 투구게를 발견했어요! 당황하며 투구게를 꺼내려는데, 응? 자세히 보니 투구게가 벗어 놓은 허물이네요. 투구게는 허물을 벗고 2배나 커져 있었답니다!

사라지는 인류의 구원자

뜻밖의 생물 정보

투구게의 피는 오염된 물질이 들어오면 젤리같이 굳는 특성이 있어요. 그래서 의료용 백신이나 의료 기기가 오염됐는지 판단할 때 투구게의 피를 이용해요.

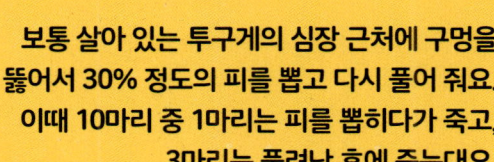
이렇게 투구게의 피를 넣으면…

아프냐? 나도 아프다. 미안해…ㅠㅠ
흑 흑
몸에 힘이 없어…

보통 살아 있는 투구게의 심장 근처에 구멍을 뚫어서 30% 정도의 피를 뽑고 다시 풀어 줘요. 이때 10마리 중 1마리는 피를 뽑히다가 죽고, 3마리는 풀려난 후에 죽는대요.

2019년 말에 발생한 코로나 19의 백신에도 어마어마한 양의 투구게 피가 사용됐어요. 투구게는 아직 멸종 위기까지는 아니지만, 개체 수가 빠르게 줄고 있어요. 투구게를 보호하면서도 인간이 도움을 얻을 방법을 같이 고민해 보자고요!

투구게의 피를 대신할 화학 물질이 있어야 할 텐데…

27

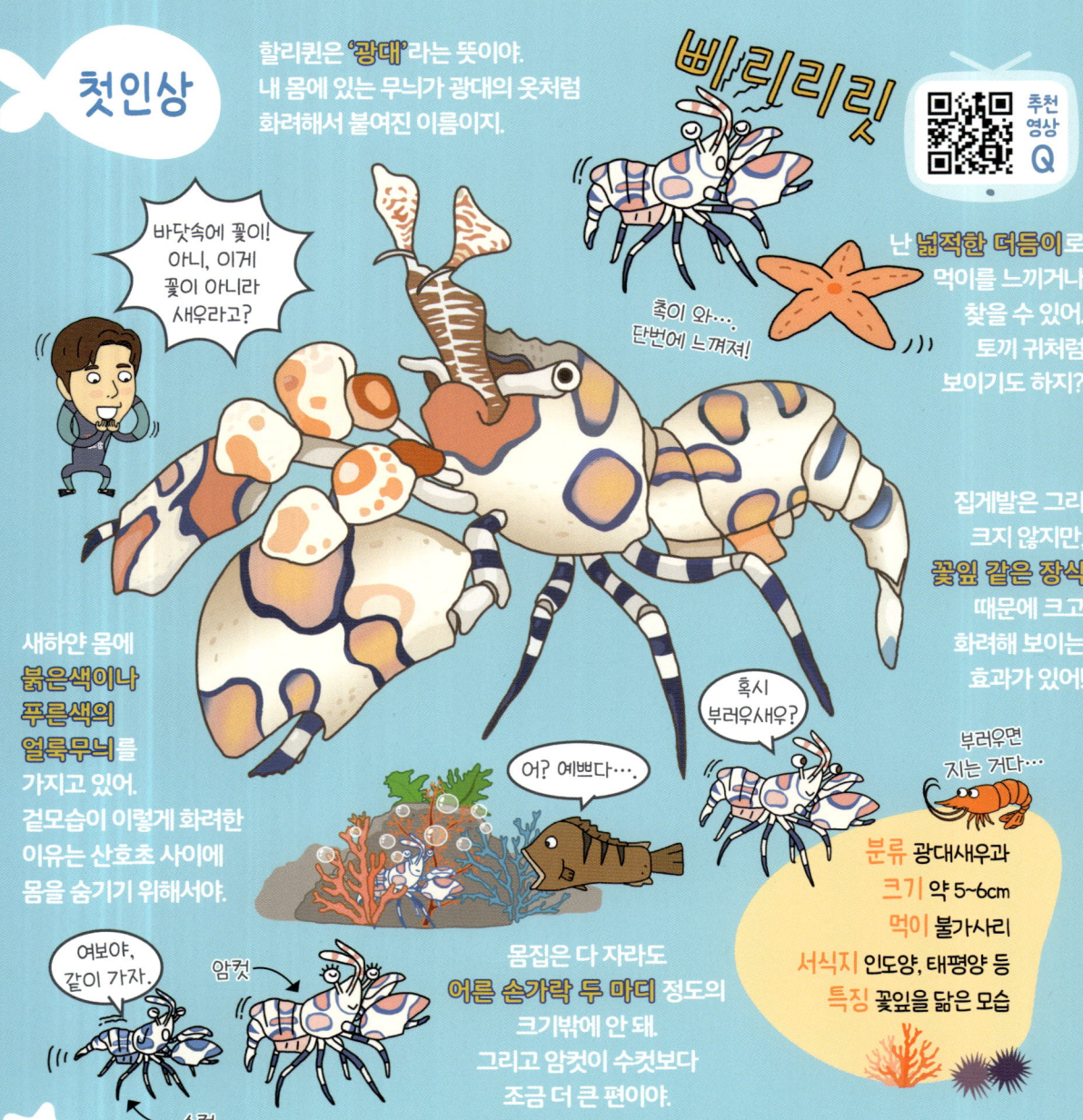

누가 불가사리를 바다의 골칫덩이라고 했나요?
적어도 할리퀸쉬림프에게는 없어서는 안 될 소중한 먹이랍니다!
그런데 크기도 작은 할리퀸쉬림프는 어떻게 불가사리를 사냥할까요?

할리퀸 쉬림프는 **야행성**이라 낮에는 산호초 사이에 숨어 있다가 밤이 되면 불가사리 사냥을 시작해.

반전매력

불가사리를 발견하면 곧바로 불가사리의 등에 올라타서 바닥에 붙은 다리를 하나씩 떼어 내!

불가사리를 바닥에서 떼어 낸 뒤에는 도망가지 못하게 뒤집어 놓고 살을 아주 조금씩 뜯어 먹어. 신선하게 먹기 위해서 죽이지 않고 **살아 있는 상태**로 천천히 먹는대.

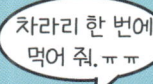

한줄평

작고 화려한 모습 속에 감춰진 **끔찍한 식성!** 불가사리야, 도망가!

사냥감이 클 때는 암컷과 수컷이 힘을 합쳐서 사냥하기도 해.

29

취향 저격 불가사리!

TV생물도감의 리얼 관찰 일기

수족관에서 할리퀸쉬림프를 본 순간,
첫눈에 반해 버렸어요!
애지중지 데려와서 보금자리를 꾸며 주었지요.
그런데 기쁨도 잠시! 할리퀸쉬림프의 먹이,
불가사리가 없네요!

혹시나 하는 마음에
물고기 사료도 줘 보고,
냉장고에 있던 오징어,
바지락 등 이것저것
넣어 줘 봤지만!
쳐다보지도 않네요….

결국 어렵게 불가사리를 구해 넣어 주었어요.
그랬더니 기다렸다는 듯 불가사리 사냥을 시작하는 할리퀸쉬림프!

할리퀸쉬림프의 두 번째 사랑

할리퀸쉬림프는 불가사리만 먹고 살아가는 것으로
알려졌지만, 자연에서 먹이를 찾기 정말 어려울 때는
가끔 성게를 사냥하기도 한대요!

소심함 끝판왕, 가든일(정원장어)

첫인상

'가든일(Garden eel)'이라는 이름은 우리가 모여서 머리를 내밀고 흐느적거리는 게 마치 정원의 풀처럼 보인다고 해서 붙여진 이름이야. 우리나라에서도 '정원장어'라고 부르지.

몸을 세우고 머리만 내미는 이유는 주변을 경계하기 위해서야.

난 뱀도 미어캣도 아니야! 무려 **장어**란 말씀! 성격이 소심해서 모래 속에 숨어 있는 것뿐!

주변의 천적을 잘 **감시**해야 해서 몸에 비해 크고 똘망똘망한 눈도 가졌지!

물고기라면서 지느러미는 어디에 있냐고? 자세히 보면 아가미 뒤쪽에 아주 작은 가슴지느러미가 있어. 난 거의 모래 속에서 지내기 때문에 헤엄칠 일이 많이 없어서 가슴지느러미가 **작은 크기**로 퇴화했지.

무늬는 종에 따라 달라. **점박이** 정원장어는 온몸에 검은색 점이 찍혀 있고, **줄무늬** 정원장어는 주황색 몸에 흰색 줄무늬가 있어!

분류 붕장어과
크기 40~120cm까지 다양
먹이 동물성 플랑크톤
서식지 인도양, 태평양 등
특징 모래 속에 몸을 숨기고 살아감

아쿠아리움에 가면 늘 모래에 숨어 머리만 내미는 가든일!
소심쟁이 가든일은 왜 그렇게 모래를 좋아할까요?
그리고 모래에 박혀서 어떤 먹이를 먹고 살까요?

레츠~고고!

끔뻑 끔뻑
하~품

반전매력

가든일은 겁이 매우 많고 소심한 친구야. 혼자 있지도 못하고, 수십 마리가 함께 모여 모래 속에 몸을 숨긴 채 얼굴만 내밀고 살아가. 그래서 모래 밖으로 나온 모습을 보는 건 하늘의 별 따기야!

어?! 뭐야, 다 어디 갔어?

샤샤샥

이래 봬도 장어!

모래 밖에 있는 가든일의 모습을 보면 길이가 엄청나게 길어. 명색이 장어라고 힘센 꼬리도 가졌는데, 이 꼬리로 순식간에 땅을 파고들 수 있어!

왜 오늘은 먹이 소식이 없지…
배고프다.
꼬르르륵~

먹이는 주로 물에 떠다니는 동물성 플랑크톤이나 아주 작은 생물이야. 먹이를 사냥할 때도 구멍 속에 묻힌 채 얼굴만 내밀고 먹잇감이 지나가기만을 기다려.

춥 춥
자리를 잘 잡는 게 신의 한 수!
꼬르륵
악 한발 늦었다!!

그러다 사냥감이 머리 위로 지나가는 순간! 가든일은 몸을 곧게 뻗어 먹이를 삼키고, 잽싸게 다시 숨어 버려! 그러니 좋은 자리 잡기는 필수!

한줄평
멀대같이 큰 키를 평생 모래 속에 숨기고 사는 싱거운 친구

TV생물도감의 리얼 관찰일기

빼꼼빼꼼! 두더지 잡기

가든일은 모래 속에 숨어 몸을 수직으로 세우기 때문에 어항에 모래를 10cm 이상 깊게 깔아 주어야 해요. 모래가 거칠고 두꺼우면 몸을 다칠 수 있으니 최대한 고운 모래로 준비해요.

꺄~ 생도는 더럽!! The love ♥

우리 가든일 여러분~ 모래 배달 왔습니다!

저기요 선생님들~? 두더지 잡기 놀이하세요? 흥 흥

여럿이 함께 살아가는 가든일의 습성을 고려해서 여섯 마리를 같이 데려왔어요. 드디어 어항에 가든일 투입! 역시나 모래 속에 바로 숨어 버리는 소심이들!

나 찾아봐~라!

모래 밖으로 나온 가든일을 언제 볼 수 있을까요? 가든일은 자리가 마음에 들지 않으면 재빨리 나와서 다른 곳으로 파고들어요.

소심한 가든일 옆에 더 소심한 가든일! 아직 어항이 낯선 가든일들이 번갈아 가며 숨는 탓에 여섯 마리를 한 번에 보기가 무척 어려웠답니다.

우리 아가들, 얼굴 보기 참 어렵네.

눈 크게 뜨고 기다려 봐!

그때를 놓치지 마세요!

소심쟁이들의 일탈극

소심한 줄만 알았던 가든일이 알고 보니 싸움쟁이?
어느 날부터인가 가든일 어항에서 서열 싸움이 시작되었어요.
가장 힘센 애가 약한 친구 하나를 계속 물어뜯고 공격했지요.

"고마워…. 도망 좀 칠게."

"어휴, 안 되겠다. 격리하자!"

"쯧쯧, 또 당했네 또 당했어."

또, 가든일은 탈출하기 선수예요!
기다란 몸과 튼튼한 꼬리를 이용해서
어항 밖으로 탈출하기 일쑤!
그래서 뚜껑 설치는 필수!

"나가고 싶어!" "어여차!" "힘내!"

"얘네가 진짜 왜 이래!!"

"수… 숨이 안 쉬어져…!"

"악!"

"너희 양심 어딨어?"

온종일 모래 속에 숨어 있는 가든일은
화장실을 어떻게 갈까요?
고민 No, no!
그대로 몸을 길게 빼서 뿌지직!

"우린 알도 똥도 이렇게 낳아!"

뿌지직

뿌지직

리본 체조 선수, 색댕기곰치(리본장어)

첫인상

리본처럼 보이는 생김새 때문에 영어로 '리본일(Ribbon eel)'이라고 불려. 우리나라에서도 '리본장어'라고 부르지.

어때, 좀 손연재 선수 같니?
살랑 살랑

우아! 도대체 어디가 끝이야?

억울 나 장어 아니라고! 곰치라고! 억울

기다란 몸을 리본 체조 선수처럼 흔들면, 반하지 않을 수 없을걸?

추천 영상 Q

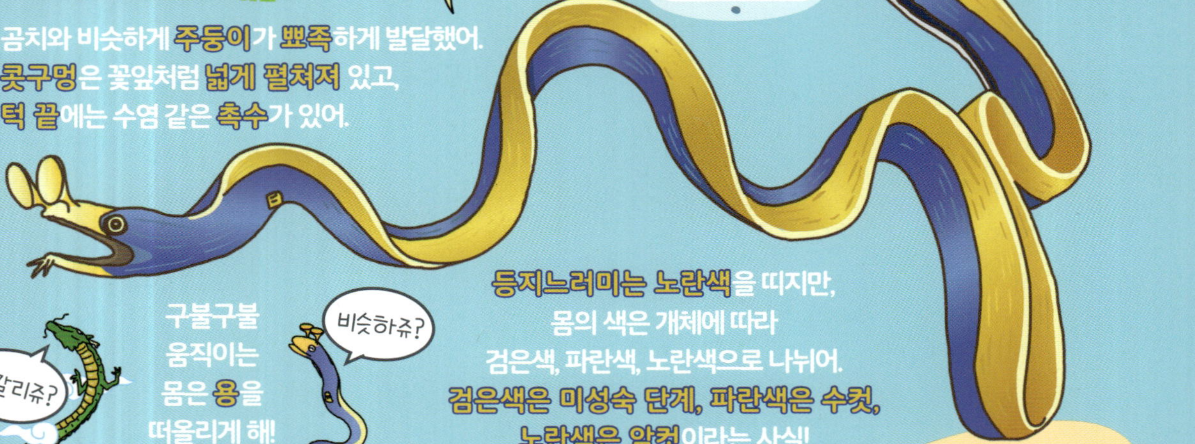

곰치와 비슷하게 **주둥이**가 **뾰족**하게 발달했어. **콧구멍**은 꽃잎처럼 넓게 펼쳐져 있고, 턱 끝에는 수염 같은 **촉수**가 있어.

등지느러미는 노란색을 띠지만, 몸의 색은 개체에 따라 검은색, 파란색, 노란색으로 나뉘어. 검은색은 미성숙 단계, 파란색은 수컷, 노란색은 암컷이라는 사실!

헷갈리쥬?

구불구불 움직이는 몸은 용을 떠올리게 해!

비슷하쥬?

뭐가 용일까!?

되고파 너의 오빠! 너의 사랑이 난 너무 고파!

어머머 상남자다!

분류 곰치과
크기 최대 120cm
먹이 작은 물고기와 새우류
서식지 인도양, 태평양 해역
특징 야행성, 기다란 몸

길어도 너~무 긴 색댕기곰치!
도대체 이 긴 몸으로 어떻게 사냥하고 움직일까요?
3가지 색깔을 가진 색댕기곰치의 비밀을 알려 줄게요!

레츠~고고!

반전매력

곰치는 굉장히 난폭하다고 알려져 있는 반면,
색댕기곰치는 **소심하고 겁이 많아.**
그래서 바위틈처럼 몸을 숨길 수 있는 좁은 곳을 좋아해.

거기 누구야!!!
소심하긴, 곰치 망신 다 시키네!
쯧쯧

평소엔 늘 입을 '쫘~악' 벌리고 있는데,
아가미뚜껑이 없어서
입을 벌리고 숨을 쉬는 거야.

원래 아가미뚜껑이 있어야 물에서 산소를 들이마시고 남은 물을 내보낼 수 있거든.

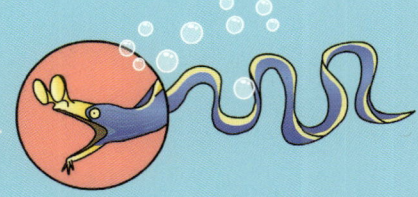

색댕기곰치는 살아 있는 작은 물고기나 새우 등을 잡아먹고 살아!
돌 틈에 숨어서 머리를 내밀고 있다가 적당한 사냥감이 지나가면
뾰족하고 날카로운 턱으로 낚아채. 사냥 성공률은 그리 높지 않아.

한줄평
아름다운 **색**, **유연함**의 끝판왕! 자라면서
색과 성별까지 바뀌는 놀라운 능력!

쟤한테 잡히면 바보지 ㅋㅋ
훅!
응!
으이그
어휴! 오늘도 실패했네. 다음번엔 꼭 성공해야지. ㅠㅠ

37

TV생물도감의 리얼 관찰일기

신선한 먹이를 원해요!

빨리 넣어 줘~~

눈누난나~

색댕기곰치를 집으로 데리고 왔어요~ 색댕기곰치는 길이가 너무 길어서 큰 어항을 준비해 주어야 해요. 숨는 것을 좋아하기 때문에 돌멩이도 많이 넣어 주고 플라스틱 배관도 몇 개 넣어 주었어요.

숨을 곳을 많이 만들어 줘야 네가 편안하게 쉴 수 있겠지?

배고플 색댕기곰치를 위해 먹이도 준비했어요. 냉동실에 있던 오징어와 냉동 새우를 작게 잘라 줘 봤지요. 그런데 오징어와 새우를 쳐다보지도 않는 녀석….

안 먹어!

제발 한입만 먹어 봐. 응?

결국, 며칠이 지나도록 쫄쫄 굶은 색댕기곰치를 위해 최대한 야생 느낌을 주는 살아 있는 먹이를 줘 봤어요. 아니 이럴 수가! 눈앞에 먹이가 헤엄치자마자 빠르게 낚아채는 녀석!

덥석

아! 신선한 먹이가 먹고 싶었던 거였어~?

이제야 내 맘을 아네!

38

성별이 바뀌는 색댕기곰치!

색댕기곰치는 처음에 모두 검은색 몸통에 노란색 지느러미를 가진 모습이에요. 생식 기능이 발달하지 않은 미성숙 단계지요.

"처음에는 색깔이 다 똑같네?"

"응! 우리 다 검정색으로 태어나!"

그렇게 색댕기곰치와 별 탈 없이 함께하던 어느 날! 검었던 녀석의 색이 파란색으로 변했어요. 색댕기곰치는 65cm 이상이 되면 파란색으로 변하거든요. 이렇게 성숙한 수컷은 번식이 가능해요!

"기다리는 자에게 복이 있나니."

"암컷은 언제 볼 수 있는 거야?"

색댕기곰치 중 1m 이상으로 성숙하는 경우 일부가 노란색으로 변해요. 즉, 일부만 번식 가능한 암컷으로 전환하는 거예요. 다만 암컷의 수명은 약 한 달 내외로 짧은 편이에요.

"나는 성숙한 암컷!"

"너는 암컷으로 못 된 거야??"

"그런 거 물어보는 거 아니야."

권투하는 게,
폼폼크랩

첫인상

일반 게처럼 나는 네 쌍의 다리와 한 쌍의 집게발을 가지고 있어. 다리는 좀 긴 편이야~

내가 바로 각선미조!

깜짝이야!

쭈—욱

짹! 원투~ 원투~ 짹!

몸은 **흰색**과 **붉은색**이 섞여 있고, 전체적으로 **검은색** 줄무늬가 있어.

내 양손에 들려 있는 건 응원 도구일까? 먼지떨이일까? 이 털 뭉치 같은 건 바로 살아 있는 **말미잘**이라는 사실! 놀랍지?

추천 영상 Q

내 이름은 '폼폼크랩'이지만, 행동이 복싱 선수 같다고 해서 '복서크랩'으로 불리기도 해.

내 말미잘! 작고 소중해 ♥

앙증맞은 크기 때문에 새끼라고 오해하면 No, no! 내 몸은 다 자라도 **3cm**가 채 되지 않아.

퍽퍽

크기는 작아도 내가 너보다 형님이라고!

입

내가 웃는 게 웃는 게 아니야 ♬

분류 부채게과
크기 약 2.5cm
먹이 잡식성
서식지 인도양, 태평양 해역
특징 야행성, 말미잘을 들고 다님

입 부분에 있는 검은 줄무늬 때문에 항상 웃는 얼굴로 보이는데, 실제 입은 그 아래쪽에 있지!

40

앙증맞은 크기와 늘 웃는 얼굴의 폼폼크랩!
그런데 양손에 든 말미잘은 왜 저렇게 놓지 못하는 걸까요?

레츠~고고!

반전매력

폼폼크랩은 몸집이 작고 힘도 약한 데다가 집게발마저 너무 작아서 **자기를 지킬 무기가 필요해.**

그래서 **독이 있는 말미잘**을 들고 다니며 천적들이 접근하는 걸 막아.

천적이 나타나면 두 손을 번쩍 들고 말미잘을 휘두르거나 펀치를 날리듯이 집게발을 뻗으면서 상대가 다가오지 못하게 위협해. 이런 행동이 마치 치어리더가 응원하는 것처럼 보여서 '**치어리더게**'라고도 하고, 펀치를 휘두르는 것 같다고 해서 '**권투게**'라고도 해.

또, 말미잘을 빗자루처럼 쓸어 부스러기를 모아 먹이를 먹기도 하고, 말미잘 촉수를 이용해서 먹이를 찍어 먹기도 해.

폼폼크랩은 밥을 먹거나 잠잘 때도 말미잘을 절대 놓지 않아. 유일하게 말미잘을 내려놓는 순간은 바로 **탈피**할 때야!

한줄평

작고 약하지만, **말미잘**을 이용해 기발한 **생존 전략**을 뽐내는 폼폼크랩!

41

TV생물도감의 리얼 관찰일기

쓰러진 폼폼크랩!

폼폼크랩은 크기가 매우 작아서 작은 해수 어항에서도 키울 수 있어요. 그래서 니모 두 마리가 사는 어항에 폼폼크랩을 넣어 줬어요.

야행성인 데다가 소심한 성격의 폼폼크랩은 어항에 들어가자마자 돌 틈에 몸을 숨기고 나타나지 않았어요.

가끔 조용히 나타나서 먹이만 홀랑 먹고 다시 숨어 버려요.

그러다 며칠 후, 어항 속에 쓰러져 있는 폼폼크랩을 발견!

죽은 줄 알고 꺼내 보니 더 커지려고 허물을 벗은 '탈피 껍데기'였답니다!

애착 말미잘이 사라진다면?

TV생물도감의 리얼 관찰 일기

그것이 알고 싶다!
-폼폼크랩과 말미잘 편-

만약 폼폼크랩이 쥐고 있던 말미잘 한 마리를 잃어버리면 어떻게 반응할까요?

폼폼크랩에게서 말미잘 한 마리를 잠시 떼어 내 봤어요!

절대 못 줘! 이 날강도야!

내 귀요미 말미잘 어디 갔어…. ㅠㅠ

한쪽 말미잘이 사라지자 폼폼크랩은 굉장히 불안해합니다.

3일 후

그런데 3일 후! 놀라운 일이 일어났어요! 과연 무슨 일이!?

말미잘이 다시 두 개가 됐어요!
말미잘은 스스로 두 개체로 갈라져 번식할 수 있는데, 폼폼크랩은 이 점을 이용해서 하나 남은 말미잘을 둘로 찢어 다시 양쪽 집게에 장착해요.
찢긴 말미잘은 원래 크기로 자라난답니다.

난 집착의 끝판왕…. 말미잘은 내 거!

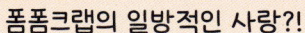

폼폼크랩의 일방적인 사랑?!
폼폼크랩과 말미잘은 공생 관계로 알려져 있지만 폼폼크랩 한쪽만 이익을 얻는 편리 공생 관계라는 의견도 존재한답니다.

43

살아 있는 붕어빵, 철갑둥어

첫인상

 비슷한데?   파인애플  솔방울  붕어빵

살아 있는 붕어빵 같다고? 해외에서는 파인애플이나 솔방울을 닮았다고 해서 **파인애플피쉬**(Pineapplefish)나 **파인콘피쉬**(Pineconefish)라고 불리기도 해.

내 이름은 철갑둥어! **철갑**처럼 단단한 옷을 입고 있지!

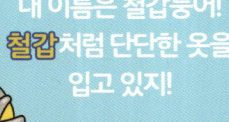

두둥! 내가 바로 철갑둥어다!

어때, 나의 투명한 이마~?

추천 영상 Q

철갑처럼 보이는 단단한 구조는 '골질판'이라는 딱딱한 비늘이야. 비늘 사이에 검은 테두리가 있어서 더 강해 보이지?

내 이마는 투명해서 속이 훤히 들여다보여. 투명해서 말랑해 보여도 실제로는 엄청 단단해!

앞!

갑옷이 있으면 무기도 있어야겠지? 내 무기는 바로 등지느러미와 배지느러미에 있는 날카롭고 살벌한 가시!

이쯤 되면 온몸이 무기 아니냐고요;;

여기서 끝이 아니야! 난 비늘마다 **작은 가시**도 하나씩 가지고 있어!

분류 철갑둥어과
크기 최대 17cm
먹이 작은 새우 등 소형 갑각류
서식지 한국을 포함한 온·열대 해역
특징 심해어, 야행성, 갑옷처럼 단단한 몸

예쁜 노란색 몸에 사인펜으로 그린 듯한 검은 줄!
심지어 갑옷처럼 딱딱한 비늘까지!
신기한 것투성이인 철갑둥어는 어디까지 우리를 놀라게 할까요?

레츠~고고!

반전매력

철갑둥어는 수심 200m의 깊은 바다에서도 살 수 있는 **심해어**야.
온몸에 덮인 비늘이 천적으로부터 몸을 보호해 주고,
깊은 바닷속의 엄청난 수압도 견디게 해 줘.

아야!

비늘이 철갑 같아!

나, 철갑둥어야!

몸은 갑옷처럼 뻣뻣해서
꼬리지느러미만 겨우 부드럽게 움직일 수 있어.
그래서 **헤엄치는 속도가 아주 느리지**.

세월아~ 네월아~
느릿느릿
까딱까딱

아래턱 쪽에
한 쌍의 **발광 기관**이 있어서
미세한 **청백색의 빛**을
낼 수 있어!

너도 불빛이 있네!

물고기는 대부분
풍선처럼 생긴 부레가 있어서
물속에서 깊이를 조절할 수 있는데,
철갑둥어는 **부레가 없어**!

한줄평

딱딱한 몸에 **빛과 가시**를
장착한 장난감 같은
물고기!

너, 투명 이마가 부레 역할?

그런가?

신기하네!

대신
이마 속 공간이
부레의 역할을 하는 것으로
추측하고 있어.

자체 발광 철갑둥어?

뜻밖의 생물 정보

철갑둥어는 어떻게 빛을 내는 걸까요? 그 빛은 철갑둥어가 만드는 게 아니에요. 아래턱에 붙어사는 수많은 발광 박테리아가 모여서 빛을 내주는 것이랍니다.

잘한다 잘한다 잘한~다!

철갑둥어 님, 저희가 빛을 밝혀 드릴게요.

그렇다면, 빛은 어떤 역할을 할까요? 철갑둥어는 빛으로 먹이를 유혹해서 가까이 다가오면 '호로록' 하고 낚아채요.

지옥 가는 길

반짝 반짝

얘들아, 이리 온!

와, 반짝반짝 예쁘다!

철갑둥어는 가시처럼 발달한 배지느러미를 비벼서 소리를 낼 수 있어요. 천적이 거의 없는 철갑둥어지만, 위협을 느끼면 소리를 내서 적을 쫓는답니다.

찌르르 찌르르

거기 너! 가까이 오지 마!

에잇 들켰네;;

이래 봬도 육식 동물, 말미잘

첫인상

바닷속 바위틈에 식물처럼 붙어사는 내 정체가 궁금하니? 내 겉모습만 보고 **식물**이라고 생각하는 사람이 많지만, 사실 난 움직이는 **육식 동물**이야!

원통 모양의 몸통엔 가늘고 긴 **촉수**들이 수십 개 뭉쳐 있어. 아랫면에는 '**족반**'이라는 부위가 있어서 바위 혹은 바닥에 붙거나 이동할 수 있어.

이래 봬도 힘이 아주 강력하다고!

말미잘은 촉수가 물방울 모양인 **버블 말미잘**부터 카펫의 털처럼 짧은 촉수를 가진 **카펫 말미잘**까지 다양해. 색깔도 빨간색, 초록색, 흰색, 분홍색 등 화려하지.

잘생기면 다냐! 바보, 똥깨, 해삼, 말미잘!
헤어져!

울컥
말미잘이라니, 말이 너무 심하잖니!

발끈
내가 뭐 어때서!!

내 **입**은 몸 한가운데에 동그란 형태로 숨겨져 있어! 한 가지 비밀을 알려 주자면, 난 **항문이 없어**! 그래서 먹고 난 찌꺼기를 다시 입으로 토해 내지! 하하하!

뿌직!
헤헤

그럼 입으로 먹고 입으로 싸는 거야?
우웩!

펼쳐라 얍!   숨겨라 얍!

얍!

난 상황에 따라 몸의 형태와 크기가 **자유자재**로 변해. 평소에는 촉수를 펼치고 있다가 위협을 느끼면 촉수를 모두 숨겨!

다양한 말미잘 관찰대

분류 해변말미잘목
크기 5mm~70cm
먹이 육식성
서식지 전 세계 바다
특징 육식 동물

48

식물처럼 보이는 말미잘의 반전 매력!
육식 동물인 말미잘은 어떻게 먹이를 먹고,
어떤 방식으로 살아가는지 알아봅시다!

말미잘의 사냥법

말미잘은 기다란 **촉수**를 늘여 놓고
먹이가 근처에 오기만을 기다려. 촉수에는
수많은 **자세포**가 있는데, **독성**이 있고 **끈적거려서**
물고기가 스치기만 해도 걸려들어.

물고기가 촉수에 걸려들면 입을 크게 벌려서
통째로 삼켜. 이렇게 삼켜진 먹이는
며칠에 걸쳐 천천히 소화된 후
찌꺼기가 되어서 다시 입으로 나와.

말미잘은 기분이나 환경에 따라 몸의 크기를 자유자재로 바꿀 수 있어.
촉수의 길이도 짧아졌다, 길어졌다,
얇아졌다, 두꺼워졌다 **마음대로 변신**할 수 있어.

말미잘과 **공생**하는
대표적인 생물은 영화 <니모를 찾아서>의
주인공으로 잘 알려진
흰동가리류의 물고기야. 흰동가리류의
피부에는 말미잘의 독을 막는
점액질이 있어서 말미잘 안에
몸을 비비거나 숨기며 살아가.

한줄평

종류도 다양하고
생존 방식도 독특한
매력덩어리!

뜻밖의 생물 정보

바다의 화려한 꽃

말미잘 같다는 게 욕이 아니었어?

말미잘은 전 세계적으로 약 1,000종이나 살고 있어요. 그만큼 크기와 생김새가 다양하며, 알록달록 화려하고 예쁜 말미잘도 많아요. 친구를 놀릴 때 자주 '바보 멍청이 해삼 멍게 말미잘'이라고 하지만, 말미잘이 여기 끼기엔 너무 아름답다는 사실!

광합성 하는 말미잘

말미잘은 광합성을 통해서도 영양분을 얻을 수 있어요. 광합성은 식물이 빛을 통해 에너지를 얻는 과정인데, 동물인 말미잘이 어떻게 광합성을 하냐고요? 말미잘에 공생하는 조류가 광합성으로 에너지를 얻으면, 말미잘에게도 그 영양분을 전달하거든요. 덕분에 말미잘은 쉽게 굶어 죽지 않는답니다!

말미잘의 독은 대부분 사람의 피부를 뚫을 만큼 강력하지는 않아서 크게 위험하지 않아요. 그러나 종에 따라 독성이 매우 강한 것도 있으니, 함부로 만지지 맙시다!

변화무쌍 즐거운 인생

뜻밖의 생물 정보

말미잘은 산란을 통해 번식하기도 하지만, 스스로 몸을 분열해서 똑같은 말미잘을 새로 만들어 낼 수 있어요. 말미잘을 정확히 반으로 자르면, 잘린 각각의 말미잘이 세포 분열을 통해 회복하면서 두 마리가 된답니다.

말미잘을 먹을 수 있을까?

말미잘은 대부분 먹을 수 없지만, 어떤 류는 식용으로 쓰이기도 해요. 스페인과 이탈리아에서는 말미잘을 튀겨 먹기도 하고요. 우리나라에서는 '말미잘 매운탕'이라는 음식을 만들어 먹기도 해요.

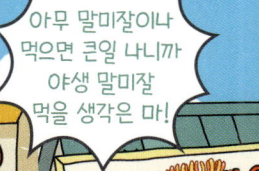

⚠ 말미잘을 키울 때 주의할 점!

말미잘은 보통 흰동가리류의 물고기와 함께 키우는 경우가 많은데요. 이때 말미잘이 어항 속 모터에 빨려 들어가지 않도록 조심해야 해요! 모터에 찢겨 말미잘의 몸속에 있던 독이 퍼지면, 어항 속 물고기가 모두 죽을 수도 있답니다.

형형색색 말랑말랑, 갯민숭달팽이

첫인상

갯민숭달팽이라는 이름은 **바다에 사는 민달팽이**라는 뜻이야~
생김새는 풀숲에 사는 민달팽이와 비슷하지만, 무늬와 색상이 훨씬 화려해!

등 위에 꽃다발처럼 보이는 건 놀랍게도 내 **아가미**야! 평소엔 돌출되어 있지만, 위협을 느낄 땐 잽싸게 감출 수 있어!

위험 감지

화려한 젤리처럼 보이는 이 친구가 달팽이라고?

종류에 따라 이렇게 **등** 전체가 아가미로 뒤덮인 형태도 있어!

아가미 Flex~

난 눈에 보이는 다리는 없지만, **배판 근육**을 움직여서 기어 다닐 수 있어.

대부분의 연체동물은 연약한 몸을 보호하기 위한 딱딱한 껍데기를 가지고 있어. 하지만 나는 껍데기가 없는데, 이 모습이 마치 옷을 벗고 있는 것 같다 해서 영어로 **누디브랜치 (Nudibranch)** 라고 불려!

나는야 벌거숭이! 자유로운 영혼~

꼬물 꼬물

내 **입**은 아랫면에 있는데 보통의 달팽이 입과 거의 흡사해. 요 야무진 입으로 산호 등의 **자포동물**이나 스펀지같이 생긴 **해면동물**을 갉아 먹어!

분류 갯민숭달팽이류
크기 4mm~60cm
먹이 자포동물, 해면동물 등
서식지 전 세계 바다
특징 껍데기 없음, 돌출된 아가미

52

빨·주·노·초·파·남·보!
형형색색 아름다운 생김새의 바다 달팽이!
갯민숭달팽이는 어떤 매력을 가지고 있을까요?

갯민숭달팽이는 전 세계적으로 약 **3,000여 종**이 서식하고 있어. 종류가 다양한 만큼 생김새나 무늬, 발색 등도 매우 화려하고 신비해.

반전매력

갯민숭달팽이는 **후새류**에 속해. 후새류란 아가미가 심장보다 뒤에 있다는 뜻이야. 아가미의 위치나 형태는 종에 따라 다르지만 크게 엉덩이 쪽에 꽃다발 형태로 발달한 종과 등 전체가 아가미로 뒤덮인 종으로 나눌 수 있어.

갯민숭달팽이의 생김새에는 **두 가지 전략**이 숨어 있어! 하나는 산호나 해조류 등으로 위장해서 천적의 눈을 피하는 거야. 또 한 가지는 화려한 색과 무늬로 상대방에게 겁을 주는 전략이지!

어떤 종은 독성 있는 **자포동물**을 갉아 먹으며 자신을 방어하는 데 활용하기도 해. 푸른갯민숭달팽이는 맹독성 고깔해파리를 잡아먹어서 독을 얻는대.

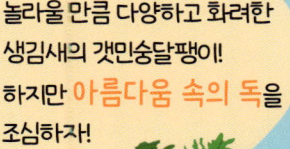

한줄평

놀라울 만큼 다양하고 화려한 생김새의 갯민숭달팽이! 하지만 **아름다움 속의 독**을 조심하자!

53

부화는 너무 어려워!

수족관에 갔다가 갯민숭달팽이를 발견했어요~!
갯민숭달팽이와 마주친 순간 반해 버려서
집에 데려와 키우기로 했답니다.

어항에 넣고 관찰을 시작했는데
느려도 너무 느린 갯민숭달팽이~
그렇게 느릿느릿한 움직임을 관찰하던 어느 날!
갯민숭달팽이가 바위 위에 구불구불한 알을 낳았어요!
기쁜 마음에 알을 부화하려고 공부해 봤는데,
아쉽게도 사육이 너무 어려워 집에서는
부화할 수 없었어요….

갯민숭달팽이는 사실 유명한 만화 주인공?

갯민숭달팽이는 독특하고 다양한 생김새 덕분에
포켓몬스터 같은 유명한 만화 캐릭터의 모티브가
되기도 했답니다! 포켓몬스터의 트리토돈은
바로 이 갯민숭달팽이를 보고 만든 캐릭터라고 해요.
그리고 피카츄를 닮아서 유명해진
갯민숭달팽이도 있어요~

구분이 안 되는 엄마 아빠!

뜻밖의 생물 정보

갯민숭달팽이는 암수가 한 몸에 있다고??

놀랍게도 갯민숭달팽이는 암수가 한 몸에 존재해요. 이러한 생물들을 '자웅 동체'라고 부른답니다. 암수가 한 몸에 있긴 하지만, 번식을 위해서는 두 마리가 짝짓기를 해야 하는 아주 신비로운 생물이에요.

짝짓기를 마친 갯민숭달팽이는 바위나 산호 주변에 알을 붙이듯이 덩어리째 산란하는데, 마치 생김새가 구불구불한 라면처럼 보여요~ 하지만 자세히 살펴보면 수만 개의 알이 뭉쳐 있는 모습이랍니다.

한편, 갯민숭달팽이는 엄청난 다양함과 화려한 생김새로 인해 스쿠버 다이빙을 하는 수중 사진가에게 굉장히 인기가 많다고 해요.

바다의 무법자, 쏠배감펭

첫인상

쏠배감펭이라는 이름에서부터 뭔가 쏠 것 같은 으스스한 기분이 들지? 실제로 나는 등지느러미에 무시무시한 **독 가시**를 가지고 있어!

독 가시 처음 보냐?

독… 독 가시다….

내 등지느러미에는 **경조**라고 불리는 11~13개의 **단단한 가시**가 있어. 여기엔 **독선**이 있어서 한번 찔리면 엄청난 통증을 느끼게 되지.

내 화려한 지느러미가 사자를 연상시킨다고 해서 해외에선 **라이언피쉬(Lionfish)**라고 불려.

또 몸 전체적으로 나 있는 무늬가 얼룩말 같다 해서 **지브라피쉬(Zebrafish)**라고도 불리지.

지느러미는 사자 갈기 / 전체 무늬는 얼룩말

흠, 이번엔 누굴 찔러 볼까!

덜덜

난 살아 있는 물고기를 잡아먹는 **육식어**야. 한입에 먹이를 삼킬 수 있는 아주 커다란 입을 가지고 있지!

이마 쪽에는 두 개의 **긴 촉수**가, 입 주변에는 **짧은 촉수**가 발달해 있어. 이렇게 보니 **도깨비** 같기도 하지?

나대지 마 심장아….

두근 두근

분류 양볼락과
크기 15~40cm
먹이 작은 어류 및 갑각류
서식지 서태평양, 인도양 등
특징 독 가시를 가진 등지느러미

56

수사자의 갈기를 닮은 화려한 지느러미를 가진 쏠배감펭은 어떤 생태적 특징을 가지고 있을까요?

쏠배감펭은 전 세계적으로 **10여 종 이상**이 서식하고 있어. 우리나라에도 점쏠배감펭, 긴수염쏠배감펭 등 여러 종의 쏠배감펭이 서식하고 있지.

쏠배감펭의 독은 얼마나 강할까?

쏠배감펭의 등지느러미에 난 가시 속에는 **강력한 독선**이 있어. 이 가시에 사람이 찔릴 경우, 엄청난 통증과 함께 구토, 어지럼증, 호흡 곤란, 마비 증상이 일어날 수 있어.

뾰족한 독 가시 때문에 **천적**이라고 해 봐야 **상어** 정도야. 하지만 상어마저도 성가신 가시 때문에 쏠배감펭을 먹는 걸 선호하진 않는대.

쏠배감펭은 커다란 지느러미를 활용해서 먹이를 사냥해. 눈앞에 먹잇감이 나타나면 일단 커다란 가슴지느러미를 활짝 펼쳐. 그다음 구석으로 몰아넣고 커다란 입으로 빨아들여서 삼켜.

한줄평

역시 **화려한 생물**일수록 **독**을 조심해야 하는 법!

먹이라면 가리지 않아요!

쏠배감펭을 집으로 데려온 후 화려한 지느러미 속 무시무시한 독 가시에 찔릴까 봐 벌벌 떨면서 어항에 넣어 줬어요.

"수전증이야? 왜 이렇게 손을 떠니!"

쏠배감펭은 육식어이기 때문에 처음에는 살아 있는 물고기를 먹이로 줘 봤어요! 먹이가 눈앞에 나타나자 지느러미를 크게 펼쳐 구석으로 몰고 가더니 커다란 입으로 순식간에 삼켜 버렸답니다.

"나 떨고 있니..?" 덥석

처음에는 살아 있는 물고기만 먹던 쏠배감펭도 어항에 적응해 나가면서 냉동 해산물을 먹기 시작했어요. 그리고 이제는 물고기 사료도 아주 잘 받아먹을 만큼 먹성도 좋아지고 건강해졌답니다!

"아무리 친해져도 독 가시 때문에 만질 수 없는 현실. ㅠㅠ"

"어이 친구! 왜 자꾸 날 피하는 거야!"

북미의 골칫거리 외래종

뜻밖의 생물 정보

원래 쏠배감펭은 북미 대서양에 서식하지 않았어요. 그런데 1992년의 허리케인으로 수족관이 부서지면서 바다로 탈출했던 개체들이 번식하기 시작했지요. 또 개인이 사육하는 개체들이 번식하면서 그 수가 기하급수적으로 늘어났어요.

북미에는 마땅한 쏠배감펭 천적도 없어서
수가 폭발적으로 늘어났어요.
그러면서 바다의 생물을 닥치는 대로 잡아먹게 되었지요.
그로 인해 바다 생태계가 파괴되어
최근엔 쏠배감펭 퇴치 대회까지 열리고 있답니다.

WANTED
eat more lion fish

심지어 최근엔 쏠배감펭을 퇴치하기 위해
로봇까지 개발되었다고 하니,
쏠배감펭으로 인한 피해가
얼마나 심각한지 느껴지죠?

-삐빅-
로봇 A23ED호
쏠배감펭 퇴치를
시작합니다.

뭐... 뭐야?!

지지직

위장술의 달인, 데코레이터크랩

첫인상

생긴 건 그냥 평범한 게처럼 보이는데 어떤 특별함이 있냐고?

흘끔 눈치 시선 집중 흘끔
눈치

난 게G! 하지만 평범함과 거리가 멀G!

난 일반적인 게처럼 **네 쌍의 다리와 한 쌍의 집게발을** 가지고 있어. 영덕 대게가 떠오르기도 하는 생김새지? 어떻게 보면 독거미 타란툴라 같기도 하고 말이야~

물론 이렇게 **짧은 다리를** 가진 종도 있어.

난 주변 사물들을 몸에 붙여 위장해. 그래서 사람들은 나를 **데코레이터크랩** 이라고 불러!

난 다리가 짧아!
게 다리 춤을 못 추겠어.
ㅠㅠ

크리스마스에는 축~복을~

이번엔 **해초로** 몸을 꾸며 봤는데 어때?

사실 내가 어떻게 생겼는지 알아보긴 쉽지 않! 화려한 산호를 몸에 붙이기도 하고 심지어 쓰레기로 몸을 치장하기도 해. 그래서 내 모습은 **상황에 따라 아주 다양**하지!

정말 해초 같아 보이지 않아?

분류 거미다리게과
크기 3~10cm
먹이 잡식성
서식지 홍해, 서태평양, 인도양 등
특징 사물을 이용한 위장

다양한 사물로 늘 몸을 치장하는 데코레이터크랩!
이 친구들의 모습이 얼마나 다양한지,
또 어떤 방법으로 본인을 꾸미는지 한번 알아볼까요?

전 세계적으로 매우 많은 종류의
데코레이터크랩이 서식하고 있어.
종류가 다양한 만큼 생김새도 다양해.
**몸에 어떤 걸 붙이느냐에 따라
전혀 다른 모습**이 되어 버리거든.

마음에 드는 물체를 발견하면 몸 구석구석에 붙여 버려.
몸에 있는 갈고리 모양의 **수많은 털** 덕분에
몸에 붙인 사물들이 쉽게 고정될 수 있어.

데코레이터크랩이 가장 좋아하는 치장 아이템은 바로 **산호**야!
실제 살아 있는 산호를 집게로 잘라 몸에 붙이면
정말 산호초로 보일 정도로 감쪽같아.
아무도 알아보지 못한다니까! 그리고 때에 따라서는
말미잘이나 성게를 얹고 다니며 천적을 피하기도 해.

한줄평
뭐든 가져와. 다 붙여 줄게!
바닷속의 패션 리더,
데코레이터크랩!

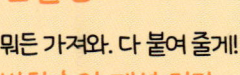

대부분의 게가 그렇듯 데코레이터크랩
역시 **시력**이 상당히 안 좋아.
그렇기 때문에 먹이를 찾을 땐
주로 **후각**과 **촉각**을 활용해.

TV생물도감의 리얼 관찰일기

뭐든 갖다 붙이는 이 녀석!

데코레이터크랩과의 첫 만남!
마치 산호처럼 생긴 신기한 게를 발견했어요. 어항에 있던 산호를 몸에다 붙여 위장한 거래요. 너무 신기한 나머지 그 자리에서 바로 데코레이터크랩을 입양했어요.

두근두근, 관찰 시작!
집에 데려와 몸을 치장할 수 있는 재료들을 줘 봤더니 역시나 망설임 없이 몸을 치장하기 시작하는 데코레이터크랩!

다.음.날!
어항에 넣어 놓았던 산호가 사라졌어요! 사라진 산호가 어디 있나 찾아봤더니 데코레이터크랩 몸에 잔뜩 붙어 있더라고요! 이 친구는 살아 있는 산호로 위장하는 걸 가장 좋아한대요.

데코레이터크레기

뜻밖의 생물 정보

갈수록 심해지는 해양 쓰레기로 인해 쓰레기를 붙이고 다니는 데코레이터크랩이 많아지고 있어요! 데코레이터크랩이 쓰레기로 뒤덮이면, 데코레이터크레기(데코레이터크랩+쓰레기)가 되어 버리겠지요?

분명 치장했는데 기분 안 좋은 건 나만 이래…?

ID:데코레이터크레기①

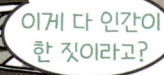
아니 나도 그래.

이게 다 인간이 한 짓이라고?

ID:데코레이터크레기②

주변 환경과 비슷한 사물로 몸을 위장하는 데코레이터크랩이 쓰레기를 선택한다는 건 그만큼 주변에 쓰레기가 넘쳐난다는 뜻이에요. 쓰레기보단 예쁜 산호나 해초로 꾸며진 데코레이터크랩을 만나기 위해 우리 모두 해양 쓰레기를 줄여야겠죠?

바다에서 나 찾으면 인사해 줘!

우리나라에도 데코레이터크랩이 있다?

우리나라에도 '뿔물맞이게'라고 불리는 데코레이터크랩이 살고 있어요! 뿔물맞이게 역시 몸에 난 갈고리 모양의 털에 주변 사물들을 붙여 위장하고 살아간답니다.

만화에서 툭 튀어나온, 흰동가리(니모)

첫인상

똑같네, 똑같아!

정말 만화에서 튀어나온 것 같아!

애니메이션 <니모를 찾아서>의 주인공으로 많은 사랑을 받으면서부터 니모라고 불렀어! 하지만 내 정식 명칭은 **오셀라리스클라운**이야!

추천 영상 Q

니모 캐릭터와 싱크로율 99%! 이 선명한 색과 무늬 좀 봐! 정말 만화 캐릭터가 살아 움직이는 것 같지?

말미잘은 우리 영혼의 단짝~

난 항상 **말미잘** 속에서 생활해. 말미잘 없이 따로 돌아다니는 모습을 보긴 어려워!

난 전체적으로 **주황빛** 몸에 선명한 3개의 **흰색 띠**가 있어. 그리고 무늬의 경계 부분마다 **검은 테두리**가 있는 게 특징이지!

와, 귀엽다!

쪽쪽쪽! 귀요미! 나는 귀요미!

외형상 암수 구분이 어렵지만 보통 무리 중 **가장 큰 친구**가 **암컷**이고 나머지 친구들은 다 **수컷**이야.

전체적인 체형이나 지느러미는 모두 **둥글둥글**한 형태를 띠지. 색과 무늬도 예쁘고, 상당히 **귀여운 외모**지?

얘들아, 가자.

네, 누님.

분류 흰동가리아과
크기 3~15cm
먹이 플랑크톤 및 작은 갑각류, 해조류
서식지 열대, 아열대 해역
특징 말미잘과 공생

우리에겐 니모라는 이름으로 더 익숙한 오셀라리스클라운!
흰동가리류엔 어떤 종들이 있고 어떻게 살아가는지 알아봐요!

레츠~고고!

반전매력

여기도 니모 있는데?

니모 여기 있어!

흰동가리아과에 속하는 흰동가리류는 전 세계적으로 **약 30종** 정도가 있어. 모두 무늬와 생김새, 크기 등이 조금씩 달라. 하지만 영화 때문인지 사람들은 이 친구들을 모두 '**니모**'라고 부르곤 하지.

넌 여기 못 들어오지?

메롱~

으~ 약 올라!

흰동가리는 **말미잘과 공생**하는 생물이야. 그런데 흰동가리는 어떻게 독이 있는 말미잘에 쏘이지 않을까? 그건 바로 흰동가리 피부에서 말미잘 독을 방어하는 **보호막**이 분비되기 때문이야. 그래서 흰동가리는 말미잘 속에 몸을 숨기며 자신을 보호해.

미잘아 나 좀 구해 줘!

OK!

흰동가리는 말미잘로부터 자신의 몸을 보호받고, 말미잘은 흰동가리가 유인하는 물고기를 잡아먹어. 그리고 종종 흰동가리가 먹이를 물어다 말미잘에게 가져다주기도 해!

한줄평

만화 속에서 톡 튀어나온 **말미잘 사랑꾼!**

어머 얘! 이제 언니라고 불러!

오빠!

무리에서 가장 큰 개체는 **암컷**이야. 그런데 만일 이 암컷이 죽으면 수컷 중 가장 큰 개체가 암컷으로 **성전환**을 해서 번식을 이어 간대.

서열 정리는 확실하게!

흰동가리를 본 첫날, 예쁜 생김새와 귀여운 행동으로 한눈에 반해 버렸어요!

흰동가리는 말미잘을 아주 좋아하기 때문에 예쁜 말미잘도 함께 입양했답니다.

처음에는 말미잘이 낯선지 가까이 가지 않았는데 익숙해지고 나니 이젠 말미잘 품에서 떠나려 하질 않아요.

그런데 보기와 다르게 흰동가리는 영역 다툼이 심한 종이에요.
크기가 비슷한 흰동가리 두 마리를 키우면 둘 중 한 마리가 죽을 때까지 싸울 수도 있어요.
그래서 처음부터 서로 크기가 다른 개체를 데려와 서열 정리를 확실하게 해 주어야 합니다.

각기 다른 우리

대표적인 클라운 종류에는
어떤 친구들이 있는지 살펴볼까요?

토마토클라운
이 친구는 오셀라리스클라운에 비해
덩치가 훨씬 크고 강렬한 붉은색을 띠어요.
가장 큰 특징은 바로 흰색 줄무늬가 머리 쪽에만 있다는 사실!

골든마룬클라운
전체적인 모습은 일반적인 니모와 비슷해 보이지만,
역시 덩치가 더 크고 강렬한 붉은색을 가졌어요!
줄무늬는 오셀라리스클라운과 똑같이 3개가 있지만,
색상이 노란빛을 띠는 게 특징이에요.

클라키클라운
이 친구는 밝은 주황빛에 흰색 띠가 세 개 있어요.
그리고 성장하면서 점점 몸에 검은 발색이 올라와요!
제주도에도 흰동가리가 살고 있는데
그 친구가 바로 클라키클라운이랍니다.

말캉말캉 바다의 젤리!
보름달물해파리

첫인상

해파리가 무시무시한 공포의 대상이라고?
귀여운 내 모습을 보면
생각이 바뀔걸?

"이렇게 귀여운데 왜 피해?"

추천 영상 Q

안녕? 난 **보름달물해파리**라고 해.
우리나라에서 가장 흔한 해파리 중
하나야! 이름처럼 둥실둥실
보름달을 닮았지.

몸통 중앙에는 **생식선**이라고 하는
4개의 동그란 기관이 뚜렷하게 보여.
그리고 동그란 몸통 테두리엔
실처럼 가는 수많은 촉수가
자라 있는데, 바로 이곳에
독성을 가진 자세포가 있어.

얍!

내 몸은 전체적으로
둥근 원형 모양에
투명해. 그리고
구완(口腕)이라고 불리는
팔처럼 생긴 4개의 기관이
내 **입 역할**을 하지!
이 구완으로 먹이를 걸러 먹어.

내 몸은 **95% 이상**이
수분으로 이루어져 있어!
그래서 몸이 말랑말랑하고
쉽게 다치지.

"여기 젤리 맛집이네!"

말랑

"그냥 지나가는 거야;"

"건들지 마! 난 쉽게 다친다고!"

말랑

내 몸은 아주 말랑말랑하고 연약해.
마치 젤리처럼 말이지! 그래서 해외에선 나를
젤리피쉬(Jellyfish)라고 불러.

분류 느릅나무해파리과
크기 최대 50cm
먹이 플랑크톤
서식지 전 세계 바다
특징 4개의 생식선이 또렷하며
독성이 약함

투명하고 말랑말랑한 신비의 동물 해파리!
이들의 생활사도 생김새만큼이나 독특하다고 해요.
얼마나 독특한지 살펴볼까요?

전 세계엔 무려 **3,000여 종**이 넘는 다양한 해파리가 살고 있어.
종에 따라 독성의 세기도 다양해.
상자해파리처럼 사람이 죽을 만큼의 강력한 독을 가진 해파리도 있고, 독이 아주 약하거나 아예 없는 착한 해파리도 존재해!

그중 보름달물해파리는 아주 **약한 독**을 가진 친구야. 그러니 너무 겁먹을 필요는 없어! 하지만 피부가 약한 어린이는 따끔거릴 수도 있으니 **만지지 말기!** 약~속~

대부분 해파리는 몸체를 펌프질 하듯이 **추진력을 얻어 유영해.**
이 과정에서 수많은 촉수로 **작은 플랑크톤** 등을 걸러서 섭취하지.

해파리는 한 번에 많은 알을 낳아.
또한, 부화 후 '**폴립(Polyp)**'
이라는 형태로 자란
어린 해파리는 여러 마리로
분열 복제를 할 수도 있어.

한줄평

말랑말랑 귀여우면서
무섭기도 한
두 얼굴의 생물!

화려한 조명과 함께♪

집에서 사육할 때는 크기가 작고 독성도 약한 안전한 해파리를 선택해야 해요! 그래서 선택한 친구가 바로 바로~ 보름달물해파리!

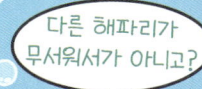

해파리를 키우기 위해서는 해파리 전용 어항이 필요해요! 해파리는 몸이 부드럽고 약해서 물의 흐름이 약한 어항이 필요하지요. 또, 어항 벽에 부딪혀 몸이 찢어질 수 있기 때문에 둥근 어항을 사용해야 해요!

해파리 키우기의 하이라이트는 바로 어둠 속 화려한 조명! 해파리의 몸은 투명해서 조명을 받으면 마치 몸에서 빛이 나는 것처럼 보여요. 이러한 모습이 너무 예뻐서 종일 어항 앞에 앉아 있었어요! 이게 바로 해.멍!(해파리 보며 멍 때리기!)

우리나라의 해파리

뜻밖의 생물 정보

보름달물해파리 외에 우리나라에서 발견되는 대표적인 해파리는 어떤 게 있을까요?

노무라입깃해파리
우리나라에 출현하는 해파리 중 가장 큰 종이에요. 몸통 크기가 1m 이상이고, 무게도 200kg까지 나가요. 거기다 독성까지 강하니 정말 조심해야 해요!

작은부레관해파리
이 친구는 푸른빛의 몸에 만두 모양의 공기주머니를 가지고 있어요. 흔하게 발견되는 편은 아니지만, 독성이 매우 강해서 쏘이면 사망까지 이를 수 있는 무서운 해파리랍니다.

기수식용해파리
해파리라고 모두 쓸모없는 생물은 아니에요! 기수식용해파리는 냉채, 물회 등으로 아주 훌륭한 식자재가 된답니다.

해파리에게 쏘였을 땐 어떻게 해야 할까요?
해파리에게 쏘인 부분은 절대 문지르지 말고 식염수나 바닷물로 충분히 씻어 주세요. 통증이 심할 경우 상처 부위에 냉찜질해 주고 바로 병원에 방문하는 게 좋답니다!

머리 위의 낚싯대,
씬벵이(프로그피쉬)

첫인상

바다 바닥을 엉금엉금 기어가는 귀여운 외모의 생명체가 있다고? 그건 바로 나야!

꼭꼭 숨었다! 나 찾아봐라~!

어디 갔지?

추천 영상 Q

내 이름 '씬벵이'는 지느러미를 발처럼 활용해 바닥을 걷는 모습이 신발을 신고 걷는 것 같다고 해서 붙여졌어.

꼬물꼬물 기어서 가자 ♪

씬벵이 중에는 몸에 잔뜩 자란 털 같은 돌기로 자신을 위장하는 친구들도 있어.

나는 다른 물고기들과 다르게 아가미뚜껑이 없어! 대신 옆구리 쪽에 있는 구멍으로 물을 뿜어낼 수가 있지!

우린 대체로 몸이 짧고 높이가 높은 편이야. 그리고 가슴지느러미가 마치 팔처럼 길게 돌출되어 있어.

팔 같은 지느러미~

내 트레이드 마크이자 가장 큰 특징! 바로 머리 위에 달린 낚싯대야! 머리에 달린 가느다란 안테나 끝에 가짜 미끼가 달려서 이걸로 먹이를 유혹하지.

살랑 살랑

얘들아~ 먹고 싶지?

분류 씬벵이과
크기 약 10~30cm
먹이 작은 어류, 갑각류
서식지 열대, 아열대 바다
특징 머리 위에 달린 낚싯대

이름과 생김새 모두 특이한 씬벵이!
씬벵이는 머리에 달린 낚싯대로 어떻게 사냥할까요?

반전매력

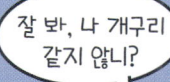

잘 봐, 나 개구리 같지 않니?

씬벵이는 개구리를 닮아서 영어로 **프로그피쉬(Frogfish)** 라고도 불려.

그래서 프로그피쉬야?
개굴♪

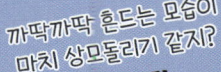

까딱까딱 흔드는 모습이 마치 상모돌리기 같지?

저기에 낚이면 안 돼!

낚싯대 끝을 자세히 보면 먹이를 유혹하기 위한 **가짜 미끼**가 달려 있어. 이걸 까딱까딱 흔들면 물고기가 먹이인 줄 알고 다가오지. 그때 빠르게 삼켜 버려!

씬벵이의 **가슴지느러미**는 일반 물고기들보다 훨씬 **길어**. 헤엄치는 용도가 아닌 **바닥을 기어 다니거나 사물을 붙잡는 용도**로 사용돼.

엉금 엉금!

팔도 되고 다리도 되는 신기한 지느러미!

한줄평

느릿해 보이지만 누구보다 **빠른 한 방**을 가지고 있는 **낚시꾼 물고기!**

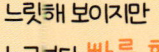

뭐야! 언제 먹었어!

샥!

씬벵이가 물고기를 한입에 삼키는 속도 는 사람이 눈을 깜빡이는 속도의 4배나 될 정도로 빨라서 초고속 카메라로만 볼 수 있대!

레츠~고고!

73

작은 사냥꾼의 하루

집 근처 수족관에 놀러 갔다가 작고 신기한 물고기, 씬벵이를 발견했어요. 머리에 달린 낚싯대로 사냥하는 모습을 보고 싶어 집으로 데려왔어요.

씬벵이는 헤엄을 잘 못쳐서 물살이 센 어항에서는 살아가기 힘들어요. 거기다 자신보다 작은 물고기는 모조리 잡아먹어 버리기 때문에 다른 물고기와 함께 키울 수도 없답니다. 그래서 씬벵이만의 어항을 만들어 줬어요!

씬벵이가 어항에 적응한 후 작은 물고기 한 마리를 먹이로 넣어 줬어요.

우와~ 먹이를 넣어 주자마자 머리 뒤에 감춰져 있던 낚싯대가 뿅! 하고 나오더니 순식간에 먹이를 삼켜 버렸어요!

씬벵이는 이런 물고기!

뜻밖의 생물 정보

씬벵이는 위장술의 대가?

씬벵이는 주변 사물의 색상과 모습까지 흉내 낼 만큼 아주 훌륭한 위장 능력이 있어요. 사냥할 때나 천적으로부터 몸을 지킬 때 아주 유용해요.

헤엄칠 때 옆구리 쪽 작은 구멍에 물을 머금었다가 배출하는 힘으로 제트기처럼 추진력을 낼 수도 있답니다.

씬벵이의 생김새를 보면 누군가 떠오르지 않나요? 맞아요! 바로 우리가 먹는 아귀찜의 아귀를 닮았죠? 씬벵이는 아귀와 사촌 정도 되는 가까운 관계랍니다!

75

1급 저격수, 딱총새우

고생대 조상님, 앵무조개

작지만 엄청난 존재감, 파란고리문어

위험한 독침 사냥꾼, 청자고둥

변신의 귀재, 흉내문어(미믹옥토퍼스)

무시무시한 식인 조개, 대왕조개

얕은 해안가의
의외의 바다 생물!

1급 저격수, 딱총새우

첫인상

난 아주 강력한 무기를 가진 새우야.

꼼짝 마! 가까이 오면 쏜다!

딱총새우라는 이름처럼 집게발을 튕겨서 엄청난 소리와 함께 총을 쏠 수 있어.

내 집게발을 봐 줄래? 양쪽의 크기가 다르지? 둘 중에 커다란 집게발로 총을 쏘는 거야.

무슨 짓을 한 거야?
스내핑 쉬림프!

큰 집게발의 가동지가 엄청난 속도로 구멍에 꽂히면, '딱!' 하고 충격파가 발생해!

몸 크기는 종류에 따라 다르지만, 보통 사람 손가락 정도의 작은 크기야.

내 다리는 모두 10개인데, 집게 모양 다리가 있다고 가재로 오해하지는 마! 엄밀히 말하면 새우거든!

너 가재니?

아니! 새우라니까!

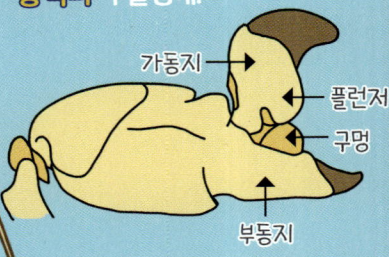
가동지 → 플런저 → 구멍 → 부동지

분류 딱총새우과
크기 약 5cm
먹이 작은 갑각류, 물고기 등
서식지 한국, 인도양, 태평양
특징 음파 발생

78

바닷속에 울려 퍼지는 총성! 빵야~ 빵야~ 빵야!
그 정체는 바로 딱총새우! 그가 쏘는 것은 총인가, 장풍인가!
딱총새우는 도대체 왜 이런 행동을 할까요?

반전매력

헉, 순간 온도가 4700℃까지 올라가다니!

미터 퍼 세크 : 속력 단위
딱총새우가 집게발 가동지를 튕기는 속도는 무려 **25m/s**!
압력은 **80kPa**이나 된대!
킬로파스칼 : 압력 단위

Q 딱총새우는 도대체 왜! 집게발을 튕길까?
A 먹이를 사냥하거나 친구와 의사소통하기 위해서야!

사냥감 앞에서 무시무시한 딱총을 한 방 쏘면,
근처에 있는 상대가 기절하거나 죽을 정도로 강력한 힘이야.

아오, 눈 부셔서 못 살겠어!

우리나라의 딱총새우

우리나라에는 약 **15종** 정도의 딱총새우가 서식하는데,
주로 갯벌이나 모래, 바닥 밑에 굴을 파고 숨어 살아.

특히 갯벌에서 딱총새우를 쉽게 발견할 수 있어. 물 빠진
갯벌의 돌을 조심히 들춰 보면? 딱총새우가 딱!

한줄평
왜소하고 평범한
생김새에 비해 엄청난
초능력을 가진 능력자!

뭘 보냐?

79

유일한 음파 사냥꾼

딱총새우는 지구상의 생물 중에 유일하게 음파를 이용해서 먹이를 사냥하는 생물로 알려져 있어요. 파장을 일으켜서 상대를 제압하는 모습이 마치 장풍을 쏘는 것 같네요!

딱총새우를 처음 집에 데려온 날, 딱총새우의 총 쏘는 소리에 시끄러워서 밤잠을 설쳤답니다.

급기야 꿈에도 나온 딱총새우! 사람만 한 딱총새우가 꿈에 나타났어요. 꿈속의 딱총새우가 너무 무서워서 바로 두 손 들고 항복을 외쳤답니다.

딱총새우의 사생활

뜻밖의 생물 정보

나를 따르라!

딱총새우는 전 세계에 600여 종이나 서식하는데,
그중 일부는 개미처럼 여왕 새우의 다스림을 받으며 살아가요.
여왕 새우 아래 수백 마리의 수컷 새우가 모여 살지요.

다들 일할 준비 됐나?

네!~

어떤 딱총새우는 망둥이와 함께 살기도 해요. 딱총새우는
망둥이에게 집을 내주고, 눈이 좋은 망둥이는
주변을 경계해 주며 서로에게 도움을 줘요.
이런 관계를 **공생 관계**라고 해요.

망둥이야, 망 좀 봐줄 수 있을까?

알았어!

딱! 따악! 강력한 딱총 소리

딱총새우의 딱총 소리는
물속 1km 밖에서도 느낄 수 있을 정도로 강력하고 커요.
그래서 제2차 세계 대전 때 잠수함의 음파 탐지기에
딱총새우의 소리가 잡혀 작전 수행에
방해가 되기도 했다네요.

근처에 침입자가 있습니다!

어디! 어디?

딱 따닥

딱총새우

고생대 조상님, 앵무조개

외계 생명체? 조개? 자, 이제 정체를 밝혀 주세요!

이름은 조개인데요, 조개는 아닙니다.

놀랍겠지만 나는 **오징어와 문어의 먼 친척**이야. 이름은 앵무조개인데 걔네랑 친척이라니, 이상하지?

양옆에 달린 커다란 눈 보이니? 특이하게도 내 눈에는 **수정체와 렌즈가 없어.** 그래서 **시력**이 아주 안 좋아.

이게 바로 내가 아주 오래전부터 살아온 원시 생물이라는 증거기도 해.

앵무새를 닮은 얼굴에는 수십 개의 **촉수(다리)**가 자라 있는데 **수컷은 60개, 암컷은 90개**야. 다만 오징어, 낙지와 달리 촉수에 빨판 역할을 하는 **흡반이 없어.**

내부 모습

격벽

몸은 소라처럼 **나선형**이고, 붉은 줄무늬가 여러 개 있는 게 특징이야. 껍데기 안쪽에 여러 개의 **칸막이(격벽)**가 있는데, 가장 바깥쪽에 내가 들어가 있고, 나머지는 **공기**를 채워서 **부력**을 조절해.

ㅋㅋㅋ 바보
톡 톡 두리번
뭐야? 두리번 누구야?

분류 앵무조개과
크기 약 20cm 내외
먹이 갑각류, 조개 등
서식지 인도양, 태평양 해역
특징 두족류, 원시 생물

5억 년 동안이나 지구상에서 살아온 앵무조개,
이 신비한 생물이 어떤 방식으로 지금까지 살아남았는지
알아볼까요?

반전매력

보통의 생물은 몸통에 다리가 달렸지?
특이하게 앵무조개, 오징어, 낙지는 머리에 바로 다리가 연결돼 있어.
이 친구들을 '머리 두(頭), 발 족(足)' 자를 써서
'두족류'라고 불러.

앵무조개는 기본적인 빛만 구분할 수 있을 정도로
시력이 아주 나빠. 그래서 먹이를 찾을 땐
주로 후각에 맡긴대.

앵무조개는 무얼 먹고 사냐고?

게나 새우처럼 살아 있는 갑각류를 사냥하기도 하지만,
죽은 물고기같이 썩은 먹이를 주워 먹기도 해.

먹을 땐 얼굴에 달린
수십 개의 촉수(다리)를
이용해 먹이를 움켜쥔 뒤
입 쪽으로 끌어당겨
잡아먹어.

한줄평

조개처럼 생겼지만 오징어와
더 가까운 신비의 생물!
5억 년이나 생존해 왔다니
정말 대단하지?

83

앵무조개는 어떻게…?

앵무조개는 어떻게 번식할까?

성숙한 앵무조개 한 쌍이 만나서 짝짓기를 한 후 암컷은 바위에 산란해요. 그때 나온 알은 부화하는 데 무려 1년이나 걸려요. 이렇게 태어난 아기 앵무조개는 작은 플랑크톤류를 먹으며 자라요.

앵무조개의 껍데기는 어떻게 생길까?

앵무조개의 이 화려한 껍데기는 소라게처럼 주워서 사용하는 걸까요? 정답은 X입니다! 앵무조개는 알에서 부화할 때부터 작은 껍데기를 갖고 태어난답니다.

앵무조개는 어떻게 헤엄칠까?

앵무조개의 수영 실력은 형편없어서 마치 물에 둥둥 떠다니는 것처럼 보여요. 이동할 때는 추진력을 이용해서 뒤로 후진하듯이 가요!

앵무조개를 지켜 줘!

뜻밖의 생물 정보

앵무조개는 최대 20년까지 장수하는 것으로 알려져 있어요. 대부분의 두족류는 1년 정도 살다가 알을 낳고 죽지만, 앵무조개는 유일하게 알을 낳고도 죽지 않는 두족류예요. 수명이 다할 때까지 번식할 수 있답니다.

과거에는 매우 많은 종류의 앵무조개들이 살았지만, 현재 지구상에 남아 있는 앵무조개는 6종뿐이에요!

잠깐! CITES란?
멸종 위기에 있는 생물들을 보호하기 위한 국제 협약이에요. 국가 간의 무분별한 야생 동식물 거래를 막기 위해 만들어졌어요.

게다가 아름다운 껍데기 때문에 사람들에게 마구 잡히다 보니, 살아남은 앵무조개조차 그 수가 점점 줄어들고 있어요. 최근에는 국제적 멸종 위기종(CITES)에 지정되어 보호받고 있답니다.

작지만 엄청난 존재감, 파란고리문어

첫인상

앙증맞은 크기에 화려한 무늬!
나 너무 예쁘지?
하지만 얕봤다가는
큰코다친다고!

누…누가
무…무서울 줄
알고?

너,
숏다리구나?

응?

난 주로
아열대 바다에 살아!
해외에서는 '블루링
옥토퍼스'라고
불리지.

엄벼,
덤벼~!

일반 문어와
마찬가지로
총 8개의 다리를
가지고 있어. 그렇지만
다른 문어들에 비해
다리가 짧은 편이야.
그리고 머리는 좀
납작한 모양이야.

혹시 몰라
경고한다!
나 위험해!

난 10cm 내외의 작은 크기에 무게도 80g 정도
밖에 나가지 않는 아주 작은
소형 문어야. 몸은
전체적으로 노란색 혹은 황갈색을 띠고
몸과 다리에 파란색 고리를 연상시키는
무늬가 60개 정도 있어!

파란 고리 무늬는 평소에 잘 안 보여.
하지만 화나거나 위협을 가할 때
매우 선명해지면서 시각적으로
강력한 위협을 주지!

난리 났네~
난리 났어~

분류 문어과
크기 약 10cm 내외
먹이 작은 게와 새우류
서식지 인도양, 태평양 해역
특징 맹독성, 파란 고리 무늬

착한 얼굴에 그렇지 못한 태도!
그 누구보다 무서운 독을 지니고 있는 파란고리문어.
이 친구들이 얼마나 무시무시한 존재인지
좀 더 자세히 알아볼까요?

반전매력

작고 앙증맞은 크기 때문에
종종 주꾸미로 오해받기도 하지만 **확실히 문어**라는 것!
문어답게 평소엔 바위틈이나 소라 껍데기 속,
심지어 버려진 유리병 속에 숨어 지내.

경고! 테트로도톡신!

이빨에 **테트로도톡신**이라는 강력한 독이 있는데,
주로 복어의 독으로 잘 알려진 무서운 독이야.
이 독은 1mg의 적은 양으로도 사람을 죽일 수 있어서
물리지 않도록 조심해야 해!

파란고리문어는 주로 작은 게나 새우 등의
갑각류를 사냥하고 살아가. 이빨에 있는
테트로도톡신으로 적을 위협하고 먹이를 사냥하지.

한줄평
절대 가까이하지 말 것!
작고 약해 보이지만
무시무시한 맹독을 품고
있는 생물!

평소엔 독립생활을 하다가 짝짓기를
할 때만 상대를 만나. 암컷은 짝짓기 후에
60~100개의 알을 낳고 무려 **6개월간**
몸으로 감싸 보호해.

뜻밖의 생물 정보

절대 만지지 마시오

파란고리문어에게 물리면?!
파란고리문어에게 물리면 그 이빨이 살 속을 파고들면서 테트로도톡신이라는 맹독이 몸 안에 주입돼요. 물린 후 짧게는 5분에서 길게는 4시간 후에 증상이 나타나기 시작해요.

파란고리문어에게 물린 후 시간이 지나면 구토, 어지럼증을 동반한 마비, 호흡 곤란 등의 증상이 나타나요. 심하면 사망에 이를 수도 있으니 물리면 곧바로 병원으로 가야 해요.

주로 파란고리문어의 이빨에 물리지 않도록 주의해야 하지만 이 녀석의 피부 점액이나 먹물에도 독성이 일부 포함되어 있으니 절대 만져서는 안 되겠죠?

⚠️ 제주도 침공 완료 ⚠️

아열대성 문어지만 점차 우리나라에서도 발견되고 있는 파란고리문어!
제주도 해수욕장에서 물놀이하던 중 발견되기도 하고,
관광객이 귀엽다고 만지다가 물리는 일까지 발생했어요.

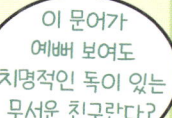

특히 주꾸미 낚시를 할 때 주꾸미 사이에
섞여 잡히는 경우가 있으니
언제나 조심해야 해요.

혹시 이러한 강력한 독을 가진 파란고리문어를 막아 줄 천적은 없을까요?
다행히 존재합니다! 신기하게도 딱딱한 등갑을 지닌 갑오징어에게는
파란고리문어의 독이 통하질 않아요. 그래서 파란고리문어는
갑오징어에게 잡아먹히는 경우가 많다고 해요~

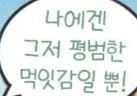

위험한 독침 사냥꾼, 청자고둥

첫인상

고둥이라고 다 같은 고둥이 아니여! 난 몸을 감싼 껍데기가 고려청자처럼 고급스러워서 '청자고둥'이라고 불려.

잠깐! 맨손으로 나를 만질 생각이라면, 다시 한번 생각해 봐!

껍데기는 기다란 원뿔 모양으로, 청자처럼 매끈한 표면에 무늬가 덮여 있어.

나는 복족류에 속해. 배 복(腹)에 발 족(足)을 써서 '발이 배에 달린 생물'이라는 뜻이야. 실제로 발은 없지만, 바닥에 붙은 배의 근육을 이용해서 기어 다닐 수 있어.

나는 물고기도 사냥해. 물고기를 먹을 때는 입을 크게 부풀려서 안으로 빨아들여. 내 몸집만 한 물고기도 삼킬 수 있어!

내 무기는 입 쪽의 강력한 독침이야. 작살 모양으로 끝이 갈고리처럼 되어 있지. 한번 꽂히면 잘 빠지지 않으니까 조심하라고!

분류 청자고둥과
크기 약 7cm 내외
먹이 작은 어류
서식지 한국, 중국해 및 열대, 아열대 해역
특징 무시무시한 독침

무시무시한 독침, 놀라울 만큼 커지는 입!
평범한 생김새와는 전혀 다른
청자고둥의 무서운 능력을 한번 알아볼까요?

청자고둥은
주로 아열대성 바다에 서식해.
전 세계적으로 약 800여 종의
다양한 청자고둥이 살고 있지.
우리나라 남쪽 바다에서도
종종 발견되고 있어.

청자고둥은 살아 있는 생물을 잡아먹는
육식 고둥이야. 엄청난 위력의 독침을
작살처럼 쏜 후 사냥감을 기절시키거나 죽여서 먹지.

독침에 있는 독은 코노톡신이라는 성분이야.
이 코노톡신은 매우 강한 독으로, 쏘이면
사람도 죽을 수 있을 만큼 위험하다고 해.

방심은 금물!
독침만으로 사냥하는 게 아니야.
물고기 근처에 인슐린이
함유된 독을 방출하기도 하지.
인슐린 성분에 노출된
물고기는 저혈당 쇼크가 와서 기절해.
이때 청자고둥은 커다란 입을 벌려
물고기를 삼켜 버려.

한줄평

사람도 죽일 만큼
강한 독을 가진
살벌한 사냥꾼!

뜻밖의 생물 정보

취급 주의 ☠

한입에 쏙!

청자고둥은 커다란 입을 통해 먹이를 통째로 삼켜 버린 후 소화액을 통해 소화해요. 이때 소화가 어려운 비늘이나 뼈는 다시 토해 낸다고 해요.

사람이 청자고둥의 사냥감이 되면?

사람이 청자고둥을 만지다가 쏘이게 되면 구토, 근육 마비와 호흡 장애는 물론 심하면 사망에까지 이를 수 있어요.
그러니 청자고둥과 비슷하게 생긴 고둥은 조심하는 게 좋겠죠?

청자고둥의 천적

독침으로 단단히 무장한 청자고둥! 그래서 웬만한 생물은 얼씬도 못 해요. 하지만 독침이 뚫지 못하는 단단한 껍데기를 가진 갑각류라면 이야기가 다르지요. 몇몇 갑각류에게 청자고둥은 단순한 먹이일 뿐이에요.

상냥함 한 스푼

뜻밖의 생물 정보

바닷속 청자고둥은 매우 무서운 사냥꾼이지만,
한편으로 인간에게 많은 도움을 주는 상냥한 생물이기도 해요.
청자고둥이 가지고 있는 코노톡신이라는 독은
환자의 고통을 가라앉히는 진통제 역할을
하는 것으로 알려져 있어요.

무서운 독이지만 잘 활용하면 약이 될 수 있지!

그래?

저 이런 고둥이에요~ 예뻐해 주세용♥

또 청자고둥에 있는 인슐린 성분을 활용해
당뇨병 환자를 치료할 수 있는 약을 개발하고 있대요.
그 외에도 청자고둥이 가진 다양한 종류의 독으로
알츠하이머병, 파킨슨병, 우울증, 간질 등
여러 가지 질병의 치료제를 개발 중이고요!

그때 그 시절 핫 아이템!

청자고둥 껍데기는 매우 정교하고도 아름다운 무늬를 지니고
있어요. 그래서 옛날에는 장식품이나 수집품으로도
인기가 많았대요. 아주 오래전 고대 유물에서도
청자고둥 껍데기로 만든 장식품이 나올 정도니,
당시에 인기가 엄청났겠죠?

어머, 소문대로 진짜 예쁘다~

여왕님, 요새 인싸들만 착용하는 아이템이래요.

블링블링

변신의 귀재, 흉내문어 (미믹옥토퍼스)

첫인상

내 이름은 **흉내문어**! 영어로는 **미믹 옥토퍼스(Mimic octopus)**라고 해! 난 아주 다양한 바다 생물로 변신할 수 있어.

일반 문어보다 몸이 가늘고 다리가 길어서 **낙지**처럼 보이기도 해.

"여기! 여기!"

"너도 낙지야?"

"난 문어라고!"

"흐느적 흐느적"

"어서 와, 이렇게 화려한 문어는 처음이지?"

내 다리는 총 **8개**인데, 다리 아랫면에 크고 작은 **빨판**이 가득해! 몸은 **흰색**과 **흑갈색**이 섞인 줄무늬를 띠고 있어!

"빨판"

"어디에 달라붙거나 먹이를 구별할 때 써!"

두 눈은 천적을 감시하기 쉽게 **튀어나와 있어**. 그리고 눈 위쪽에 뿔처럼 생긴 돌기가 올라와 있는 것이 특징이야!

눈 옆에는 대롱 같은 관이 있는데, 이것을 '**수관**'이라고 해. 여기로 물을 내뿜을 수 있어!

"원래는 숨을 쉬거나 이동할 때 쓰는 건데, 장난칠 때도 써!"

분류 문어과
크기 약 60cm
먹이 물고기, 갑각류
서식지 인도양, 태평양 해역
특징 다양한 생물로 변신 가능

흉내문어가 흉내 낼 수 있는 바다 생물은
알려진 것만 10여 종이 넘을 만큼 굉장히 다양해요.
그중에서도 대표적인 생물들을 살펴보도록 해요!

레츠~고고!

반전매력

흉내문어가 가장 좋아하는 변신 대상은 바로 **넙치**!
8개의 **다리를 모두 몸 뒤로 붙여서 만드는데**,
모양뿐만 아니라 움직임까지 흉내 내!

진짜 넙치

넌 누구냐?

이렇게 바닥에 붙어 가면 더 빠르고 안전하게 이동할 수 있지!

이번에는 **쏠배감펭**으로 변신!
다리를 사방으로 펼쳐서 쏠배감펭의
지느러미처럼 보이게 만든 뒤 유유히 헤엄쳐 다녀.

얍!

진짜 감쪽같네!

감쪽같지?!

무시무시한 맹독을 가진 **바다뱀**으로도 변신해 볼까?
이렇게 **몸을 흙 속에 감추고 다리 2개만 빼서**
평행으로 만들면 바다뱀으로 변신 성공!

헉, 바다뱀이다!

으아, 자리돔이다!

한줄평

마음먹은 대로
모습과 색을 바꾸는
바다의 트랜스포머!

흉내문어가 이렇게 흉내를 잘 내게 된 이유는 뭘까?
바로 흉내문어에게는 **먹물이 없기 때문**이야!
천적을 피할 때 먹물을 쏘지 못해서
변신술을 택한 거야.

나도 어쩔 수 없었어~

95

뜻밖의 생물 정보

타고난 유전자 금수저

흉내문어는 변신에 탁월한 유전자를 가지고 있어요. 문어의 피부에는 색소 세포가 있는데, 여기에 근육이 연결되어 있어요. 그래서 근육이 색소 세포를 수축시키며 순식간에 몸의 색을 바꿔요.

문어는 또한 엄청난 지능을 가진 생물이에요. 복잡한 미로 통과하기, 병뚜껑 열기, 심지어 장난치는 것까지 가능하다고 해요. 이렇게 똑똑한 문어를 이용해서 월드컵 축구 경기의 승패를 예측하기도 했답니다.

문어는 시력까지 발달했어요. 문어의 눈은 카메라 렌즈와 비슷한 구조예요. 동공의 크기가 빛의 밝기에 따라 조절되고, 진동하는 빛까지 볼 수 있어요. 다만, 먼 거리에 있는 사물까지는 잘 보지 못한대요.

궁금한 문어 이야기

뜻밖의 생물 정보

흉내문어의 발견

흉내문어는 1998년 인도네시아 술라웨시섬 해안가에서 어부에게 처음 발견되었대요.

이건 넙치도 아니고, 바다뱀도 아니고, 대체 뭐지?

흉내문어다!

어머나!

문어의 다리는 제2의 뇌!

문어의 신경 세포 3분의 2는 다리에 있어요. 그래서 뇌의 지시 없이도 스스로 움직일 수 있대요. 다리에 달린 빨판으로 주변을 빠르게 감지하고, 뇌가 지시하기도 전에 자율적으로 행동할 수 있어요.

마치 다리에도 눈이 있는 것처럼 행동하지!

진짜 바다뱀이다!

스르르

뛰는 문어 위에 나는 후악치!

문어가 다른 생물을 흉내 낼 때 그 옆에 붙어서 문어를 흉내 내는 물고기가 있어요. 바로 '후악치'라는 물고기인데, 흉내문어의 일부인 척하면서 옆에 붙어 다녀요. 과연, 뛰는 놈 위에 나는 놈이라고 할 만하죠?

행님, 같이 좀 삽시다~

저리 안 가! 확 마!

무시무시한 식인 조개, 대왕조개

첫인상

대왕조개라는 이름은 엄청나게 **거대한 몸집**을 가지고 있어서 붙여진 이름이야. 영어로는 **자이언트 클램**(Giant clam) 이라고 불리지!

"생도야! 나 좀 업어 줄 수 있니?"

"그러기엔 네가 너무 무겁다고 생각 안 하니?!"

거대한 바위인 줄 알았더니 이게 **조개**라고??

내 몸엔 **외투막**이라고 불리는 막이 있는데, 이게 워낙 두꺼워서 껍데기를 완전히 못 닫아. 그래서 늘 외투막이 껍데기 밖으로 **돌출**되어 있어~

"닫고 싶다 껍데기!" 끄으응~

난 전 세계의 조개류 중 가장 큰 크기를 자랑하지! 완전히 성장하면 무려 **120cm**에 **200kg**까지도 될 수 있다고~!

"여기 왜 바위가 있지?"
"바위 아니고 조개거든!"

보통의 조개껍데기가 둥글둥글한 것과 달리 난 **구불구불한** 모양을 하고 있어!

껍데기 안쪽에는 이렇게 **동그란 구멍**이 나 있는데, 이건 물을 공급하고 빼 주는 **수관**이야.

"여기가 수관!"

분류 대왕조개과
크기 최대 120cm
먹이 플랑크톤, 광합성을 통한 영양분
서식지 남태평양, 인도양
특징 거대한 몸집

크기부터 클래스가 다른 대왕조개!
또 어떤 재미난 비밀을 가지고 있을까요?

레츠~고고!

반전매력

휙 휙
두리번 두리번
여기 어디 대왕조개가 있다고 했는데….
보일락 말락~

대왕조개는 **남태평양과 인도양**에 걸친 수심 20m 내외의 **산호초** 지대에 서식해.
보통은 **산호초**나 **암초** 사이의 틈에 박혀 살아가지.

대왕조개는 물속에 떠다니는 **플랑크톤과 같은 유기물**을 먹거나 공생하는 조류의 도움을 받아 **광합성**을 통한 영양분을 얻으며 성장해.

얘들아~ 광합성 좀 도와줘!
오케이!

난 정자 줄게! 넌 난자 다오!
그래, 콜!

대왕조개는 암수가 한 몸에 있는 **자웅 동체 생물**이야! 그래서 한 마리가 정자와 난자를 모두 생산할 수 있어. 하지만 스스로 수정할 수는 없어서 서로 다른 개체의 정자와 난자가 만나야 번식이 가능해.

우와, 거의 보이지가 않아!
작다, 작아!

몸집이 큰 만큼 알도 클까?
대왕조개의 알은 거대한 몸집과는 다르게 크기가 **0.1mm**로 눈에도 잘 보이지 않을 만큼 **작아**!

한줄평
크기부터 무게, 심지어 수명까지
스케일이 남다른 조개!

사람을 먹는 조개?

대왕조개는 식인 조개다?

대왕 조개가 사람을 먹는다는 소문이 있어요. 결론부터 말씀드리자면 잘못된 이야기랍니다! 대왕조개는 육식하지 않으며 살아가는데 왜 식인 조개라는 오명이 붙었을까요?

대왕조개는 엄청나게 큰 조가비*만큼이나 강력한 힘을 가지고 있어요. 평소에는 이 조가비를 벌리고 있다가 위협을 느끼면 닫게 되는데, 이때 잠수부들의 손이나 발이 조가비에 끼이면 엄청난 힘과 무게 때문에 탈출하지 못하고 죽을 수도 있어요. 이러한 사실 때문에 식인 조개라는 별명이 붙여졌답니다.

*조가비: 조개껍데기

한편, 번식기를 맞은 대왕조개는 종에 따라 수백만 개에서 최대 수억 개에 달하는 엄청난 양의 알을 산란해요. 그리고 대왕조개의 수명은 최대 100년 이상이에요! 조개가 100년이나 산다니 몸집이 큰 데는 다 이유가 있었네요~

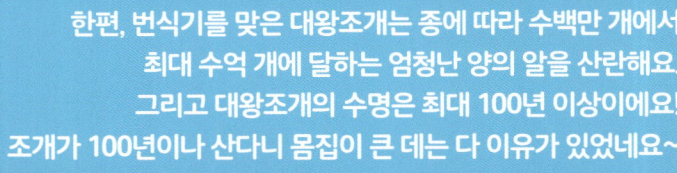

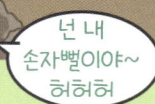

위기의 대왕조개

뜻밖의 생물정보

멸종 위기에 처한 대왕조개!
너무 슬프게도, 이렇게 거대하고 멋진 생물인 대왕조개를 앞으로 볼 수 없게 될지도 몰라요.

있을 때 잘해! 후회하지 말고!

대왕조개는 오래전부터 식용이나 장식용으로 인기가 많아서 무분별하게 잡히고 있어요. 거기다 대왕조개의 서식지인 산호초 지대가 환경 파괴로 점점 사라지면서 이젠 절반도 남지 않았다고 해요.

난 아무것도 없어요~ 친구도 없고 집도 없고~

그래서 현재 대왕조개는 국제적 멸종 위기종(CITES)으로 지정되어 보호받고 있답니다. 최근엔 인공 번식을 통해 개체 수를 늘리려 노력하고 있대요.

무단으로 대왕조개를 채취하거나 훼손하면 감옥에 갈 수도 있어!

삐익삐익 앗!

세상에서 가장 못생긴 물고기, 블롭피쉬

가짜 미끼 사냥꾼, 초롱아귀(심해아귀)

무려 10m! 초대형 물고기, 산갈치

공룡보다도 오래된 생물, 실러캔스

세계 최대 크기의 등각류! 바티노무스 기간테우스

속 보이는 놈, 통안어(배럴아이)

세상에서 젤 귀여운 문어! 덤보문어

바닷물에 머리만 둥둥, 개복치

어두운 심해의
미스터리 바다 생물!

세상에서 가장 못생긴 물고기, 블롭피쉬

첫인상

못생긴 물고기는 나야 나~ ♪ 나야 나~

블-하! 내 이름은 블롭피쉬. 세상에서 가장 못생긴 물고기로도 유명하지!

으! 생긴 거 왜 저래 → 돌직구 ← 못생겼어!
마음에 스크래치!

보는 순간 잊을 수 없는 충격적인 외모! 나보다 못생긴 물고기 본 적 있으면 나와 봐~

단추같이 작은 눈에 커다란 입! 그리고 내 얼굴에서 가장 독특한 부위는 코야. 사람의 코처럼 돌출되어 있거든.

심술 심술 심술
못생긴 건 좀 괜찮니?
아직 안 괜찮다, 왜!

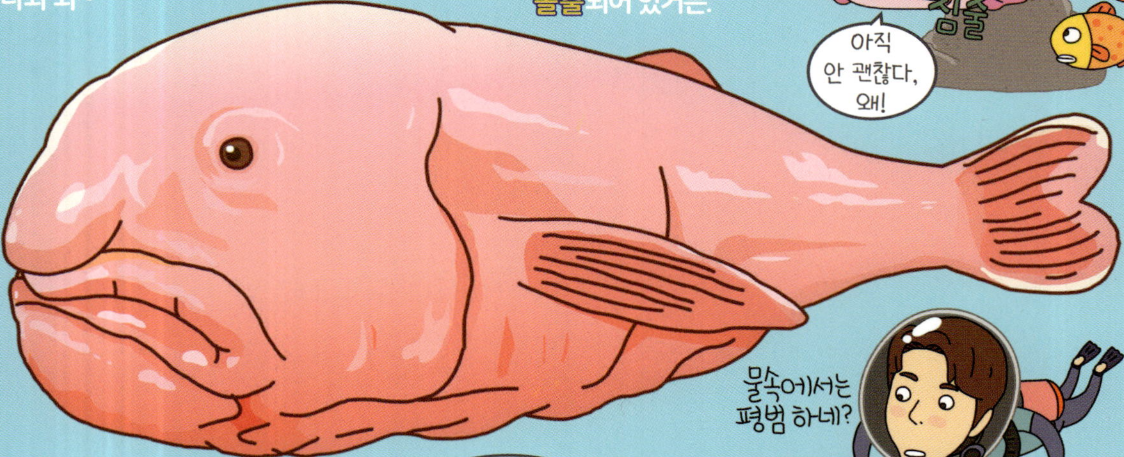

물속에서는 평범 하네?

당신은 물고기가 맞습니까?

나도 꽤 평범하지?

살구색 피부에 젤리처럼 물컹거리는 몸! 물고기가 맞냐고? 놀랍게도 맞아!

명탐정 생도
네!
딩동댕!

사실 난 물속에 있을 때와 물 밖에 있을 때 전혀 다른 모습을 하는 신비의 생물이야!

분류 물수배기과
크기 30cm 이내
먹이 플랑크톤, 심해 갑각류
서식지 호주 대륙, 태즈메이니아
특징 심해 생물

생물계에서 못생겼다고 소문 난 물고기!
못생겨도 너무 못생긴 블롭피쉬에 대해
좀 더 자세히 알아봐요~

레츠~고고!

나는 근육이 적어. ㅠㅠ
그래서 빠르게 헤엄을 못 쳐~!

호주 대륙과 태즈메이니아의 심해에 사는 블롭피쉬!
깊은 바닷속 **수압**을 견디기 위해
근육이 매우 적은 말랑말랑한 몸이 됐어.

반전매력

블롭피쉬는 몸이 느린 대신 **입이 아주 커.**
덕분에 물속에 떠다니는 플랑크톤이나 작은 갑각류 등을
자연스럽게 섭취하지.

못생긴 생김새와 물컹거리는 식감! 일반적인 식자재로써는 꽝!
하지만 일부 애호가 사이에서는 사랑받는다고 해.

한줄평
못생겼지만 알고 보면
못생기지 않은
매력 만점 물고기!

아쉽게도 블롭피쉬는
아직 연구가 부족해.
앞으로 활발한 연구가 진행된다면
이 신기한 물고기를 더 쉽게
만나 볼 수 있을지도 모르지!

못생긴 애들 중에 가장 못생긴 애

뜻밖의 생물 정보

블롭피쉬는 2013년 9월 못생긴 동물 보호 협회에서 '세상에서 가장 못생긴 동물'로 선정되는 불명예를 얻게 되었어요. 심지어 그 이후 협회의 마스코트로도 활약 중이라고 해요.

블롭피쉬는 바다에 서식하는 갑각류를 잡기 위한 어선에 꾸준히 잡히고 있어요. 이로 인해 멸종 위기에 처할 위험이 아주 높은 생물 중 하나라고 해요.

블롭피쉬의 특이하고 못생긴 외모가 알려지면서 세계적으로 많은 관심을 받게 되었어요. 인기가 높아진 덕에 이제는 각종 캐릭터나 관련 상품으로도 사랑을 받고 있답니다.

가짜 미끼 낚시꾼,
초롱아귀(심해아귀)

첫인상

나는 대표적인 **심해 생물**이야. 머리 위 불빛이 초롱 같다 하여 **초롱아귀**라는 이름이 붙여졌지. 해외에선 내 몸이 럭비공 같다 해서 **풋볼피쉬(Footballfish)**라고 부르기도 해.

번쩍번쩍! 깊은 바닷속 반딧불이처럼 반짝이는 이 빛…이 아니라 **아귀**라고?

힝~ 속았지?

크르릉

어때! 내 이빨 무시무시하지?

나는 어지간한 먹이는 한입에 삼켜 버릴 수 있지! 입 안쪽으로는 아주 **날카롭고 가느다란 이빨**이 빼곡히 발달해 있어.

몸 전체는 물컹물컹하고 매끈한 느낌이지만 중간중간 뼈로 이루어진 **가시 돌기**가 나 있어.

어! 먹이다!

ㅋㅋ 걸려들었군.

전체적인 몸의 형태는 **둥글둥글**하고 **뚱뚱한 자흑색**의 모습이야. 복어의 체형이 떠오르기도 할 거야.

내 가장 큰 특징은 바로 머리에 달린 낚싯대 모양의 **촉수**야! 여기엔 미끼 역할을 하는 **돌기**가 있는데, 이곳에서 **빛**을 내어 먹이를 유혹하지!

복어랑 나랑 좀 닮았나?

흥??

분류 초롱아귀과
크기 암컷 약 60cm, 수컷 약 4cm
먹이 작은 어류 및 갑각류
서식지 열대 및 아열대 심해
특징 머리에 빛을 내는 기관이 있음

빛이 나는 가짜 미끼로 먹이를 유혹해 한입에 덥석!
초롱아귀의 독특한 사냥법과 놀라운 비밀에 대해 알아볼까요?

반전매력

거기 누구 없어요~?

초롱아귀가 사는 곳은
빛이 전혀 들어오지 않는 수심 800m 이상의 **아주 깊은 바다**야.
먹잇감도 턱없이 부족하고, 어둠 때문에 먹이 사냥이 어려워.

수심 500m 이상의 심해에 사는 생물들은 대부분 **발광 기관**을
가지고 있어. 초롱아귀 역시 머리에 달린 촉수 끝에 발광 기관이 있지.
이곳에 공생하는 **발광 박테리아**를 활용해 선명한 빛을 내게 돼.

초롱아귀는 이 촉수에 빛을 내 먹잇감이 다가오게 만들어.
깜깜한 어둠 속 빛이 나는 미끼!
효과 만점으로 손쉽게 사냥할 수 있겠지?

수컷의 신기한 비밀!

초롱아귀 **수컷의 몸집은 단 4cm**!
암컷이 60cm 정도인 거에 비교하면
아주 작은 몸집이야.

한줄평

머리 위 반짝이는
미끼가 인상적인
심해 생물!

뜻밖의 생물 정보

수컷의 생존 전략

심해아귀 종의 수컷은 대부분 암컷 크기의 몇십 분의 1 정도밖에 되지 않을 정도로 작고 왜소해요.

그래서 몇몇 종들은 아주 독특한 생존 전략을 택했어요. 먼저 수컷이 암컷의 몸에 달라붙어 흡수되기 시작해요. 시간이 지나면서 눈과 뇌 심지어 내장까지 암컷과 합쳐져 한 몸이 되지요. 수컷은 그저 생식 능력만 가진 채 암컷의 몸에 기생해 살면서 정자만 공급한답니다.

이러한 방식으로 번식하는 심해아귀만 무려 168종이라고 해요. 다만, 우리가 만났던 초롱아귀의 수컷은 암컷의 몸에 기생하지 않아요.

난 누나 없이 못 살아!

뜻밖의 생물 정보

암컷 심해아귀의 빛이 먹이를 유인할 때만 사용되는 건 아니에요.
이 황홀한 불빛은 근처에 있는 수컷을 유혹하는 도구로도 사용된답니다.

수컷 심해아귀는 왜 암컷과 한 몸이 되는 걸 선택했을까?

수컷 심해아귀는 너무 작고 무력해서 먹이를 사냥하기 힘들어요. 또, 사냥에 성공한다고 해도 소화 기관이 발달하지 않아 사냥감을 먹을 수가 없어요. 그래서 암컷의 몸과 결합해 에너지를 얻고 번식하는 방식을 택했다고 해요.

심해아귀의 천적은 누구일까?

심해아귀는 아직 연구가 부족해서 천적에 관해서도 알려진 게 많지 않아요.
다만 아소르스 제도에서 발견된 향유고래의 위장 속에서 여러 마리의 초롱아귀가 발견되었다고 해요.

무려 10m! 초대형 물고기, 산갈치

첫인상

머리에 붉은 깃이 달린 초대형 갈치가 나타났다!
뭐? 그런데 갈치가 아니라고?

안녕? 짱긋
갈치
누구…?

산 위의 별이 바다로 내려와
물고기가 되었는데, 마치 갈치를 닮았다 해서
산갈치라는 이름이 붙여졌다는 전설이 있어.
하지만 난 갈치와는 전혀
다른 종이란 사실!

지느러미는 강렬한
붉은색을 띠고 있고
이마 쪽은 **수탉의 볏** 같은
모양으로 발달해 있어.

다른 종인데도 **갈치**와 정말 비슷하지?
체형부터 은빛 피부까지 말이야~
하지만 나는 갈치와 달리
피부 중간중간 **검은 무늬**가
불규칙적으로
나 있어.

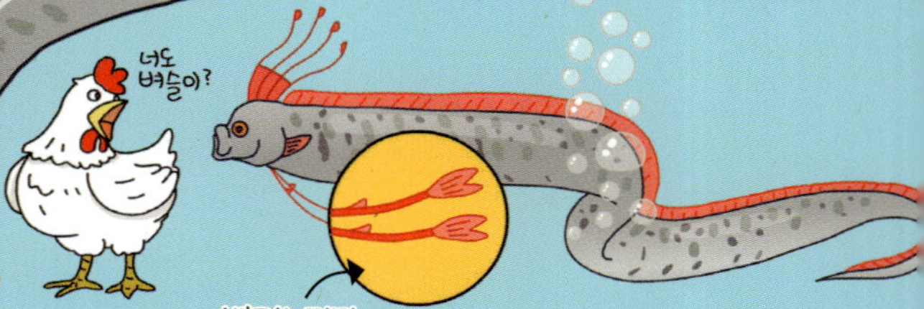

너도 벼슬이?

배지느러미

배지느러미는
아주 길게 뻗어 있고,
끝부분은 넓적하게
발달해 있어.

내 입을 보면 마치 심술이 난 것 같지?
턱은 **주걱턱** 형태로 아래턱이 얼굴을
덮고 있는 모습인데,
사실 긴 주둥이를 숨기고 있어.

심술 심술 심술

분류 산갈치과
크기 최대 10m
먹이 곤쟁이 등의 작은 갑각류
서식지 전 세계 심해
특징 갈치처럼 생겼으나 붉은
등지느러미가 있음

크기와 생김새만으로도 놀라운 산갈치!
아직은 알려진 게 많지 않지만 어떤 친구인지
조금 더 알아볼까요?

산갈치는 무려 **1억 년**이 넘는 세월 동안 **수백 미터 아래의 깊은 바닷속**에서 살아왔어. 최대 10m까지 자라는 **초대형 어류**고, 척추를 가진 어류 중 가장 길다고도 알려져.

평소에는 긴 몸을 **수직**으로 일어서듯 헤엄쳐. 물론 급할 때는 **수평**으로 헤엄치기도 해.

산갈치는 주로 심해의 **오징어나 갑각류, 작은 어류** 등을 먹고 살아가. 돌출된 턱과 주둥이를 활용하여 단숨에 빨아들이지.

산란은 주로 **7월에서 12월** 사이에 이루어져. 이 시기가 되면 어린 산갈치가 **해수면 근처**에서 자주 발견되는 편이야.

한줄평

크기부터 생김새까지 마치 **외계 생물** 같은 전설의 **산갈치!**

산갈치는 지진 경보기?!

뜻밖의 생물 정보

산갈치가 발견되면 지진이 일어난다는 속설이 있어요. 산갈치가 지진을 미리 감지하고 얕은 바다로 도망쳐 나온다는 건데요! 정말 산갈치가 나타나면 지진이 일어날까요??

정말 널 얕은 바다에서 보면 지진이 일어나니?

응?

산갈치다! 지진이 일어날 건가 봐!

2011년, 규모 9.0의 일본 대지진이 일어나기 전 1년 동안 산갈치가 무려 수십 마리나 발견되었대요.
그리고 멕시코와 대만, 심지어 우리나라에서도 산갈치가 발견된 후 지진이 일어났고요.

하지만 이건 우연의 일치일 뿐!

산갈치의 출현과 지진의 연관성은 아주 낮은 편이라고 해요. 실제로 산갈치가 얕은 바다에서 발견되는 경우는 겨울철 먹이를 따라 우연히 올라왔거나 강한 상승 조류에 딸려 올라온 경우가 대부분이래요.

봐! 난 지진하고 상관없거든?!

내가 한 말 아닌데….

전설의 바다 생물!

세계 각지에서 전설적인 존재로 여겨지는 산갈치!

스칸디나비아 제국에서는 산갈치를 '청어의 왕(King of the herrings)'이라고 불렀어요. 청어와 산갈치 모두 먹이로 작은 갑각류 떼를 쫓아다니다 보니 함께 발견되는 경우가 많았기 때문이에요.

일본에서는 산갈치를 류구노츠카이(リュウグウノツカイ)라고 부르는데, '용궁의 사자'라는 뜻을 가지고 있답니다. 일본에서는 수면에 올라온 산갈치를 건져 올리면 부자가 된다는 속설이 있대요~

우리나라에도 산갈치 이름에 대한 전설이 있어요. 첫 번째는 산 위에 있던 별이 물고기가 되어 산갈치라는 이름이 된 것이에요. 두 번째는 한 달 중 15일은 산에 살고 나머지 15일은 바다에 살아서 이름이 산갈치로 붙여졌다는 것이에요.

공룡보다도 오래된 생물, 실러캔스

🐟 첫인상

무시무시한 생김새의 물고기! 그런데, **화석**으로 이미 본 적 있는 것 같은 이 느낌은 뭐지?!

실러캔스는 실러캔스목에 속하는 어종을 가리키는 말이야. 현재 전 세계에 딱 **두 종**만이 살아남았지!

내 가슴지느러미와 배지느러미는 **육상 생물의 다리**와 비슷해. 모양뿐 아니라 실제 뼈까지 발달한 진짜 다리란다!

나는 총 **8개**의 지느러미를 가지고 있어! 꼬리지느러미가 굉장히 넓고 커서 추진력을 얻는 데 큰 도움이 돼!

내 피부는 **어두운 흑갈색**! 갑옷처럼 아주 **단단한 비늘**로 덮여 있고 중간중간 **불규칙한 흰 반점**들이 있다는 게 특징이지!

날카로운 이빨로 무장한 무시무시한 입도 가지고 있어!

분류 실러캔스목
크기 최대 2m
먹이 어류 및 두족류
서식지 인도네시아, 동아프리카
특징 다리 형태의 가슴, 등지느러미

4억 년을 버텨 온 살아 있는 화석!
실러캔스는 어떠한 방식으로 살아남을 수 있었을까요?

레츠~고고!

내가 공룡보다도 나이가 많다고~
정말?

실러캔스는 약 4억 년 전 고생대 데본기부터 출현하여 현재까지 살아남은, 말 그대로 살아 있는 화석이야.

실러캔스는 수심 100m 이상의 깊은 바닷속에서 살아가. 수명도 100년 이상으로 추정된다고 하니 정말 놀랍지 않니?

반전매력

고생대 데본기 시절, 실러캔스가 육지 근처에서 생활하게 되면서 지느러미가 다리처럼 발달하기 시작했어. 하지만 그 후 바다로 돌아와서 다시 현재 모습이 되었지. 지느러미가 육상 생물의 다리와 비슷한 형태인 게 바로 이 때문이야.

지느러미가 다리같이 생겼네!
왕년에 육지 생활 좀 했지!

덩치보다 입이 참 짧으슈~
덩치보다 참 많이 먹슈.

할리퀸쉬림프

실러캔스는 야행성으로 주로 물고기나 오징어, 문어 등을 잡아먹고 살아가. 커다란 덩치에 비해 적게 먹고, 쓸데없는 에너지를 소비하지 않아.

한줄평
바다 생물이 육상으로 진출하게 된 중간 과정을 보여 주는 살아 있는 화석!

알은 배 속에서 부화하여 새끼 상태로 태어나. 암컷은 배 속에서 무려 1년 동안 알을 품어.

아이구 예쁜 내 새끼들!! 누굴 닮아서 이렇게 예쁜가?
퍙 퍙
엄마♥

117

뜻밖의 생물 정보

화석이 살아 있다!

공룡처럼 오래전 지구상에서 사라졌다고 믿어 온 생물이 어느 날 갑자기 눈앞에 나타난다면 어떤 기분일까요?

크으앙
으아아ㄱ!
이거 꿈인가? 갑자기 웬 공룡!ㅠㅠ

실러캔스는 멸종한 생물로…

실러캔스는 약 7천 5백만 년 전 멸종한 생물로 알려졌었어요. 그래서 화석으로만 실러캔스를 만나 볼 수 있었지요.

세상에 이런 일이! 살아 있는 실러캔스라니!

그러던 중 1938년 남아프리카 이스트 런던 칼룸나강의 한 어선에서 정체불명의 물고기가 잡혔어요. 이를 본 어류학자 제임스 스미스를 통해 이 물고기가 무려 4억 년 전 생물인 실러캔스라는 사실이 알려졌답니다.

형이 왜 거기서 나와…?

뜻밖의 생물 정보

한편, 인도네시아의 어시장에서도 발견된 실러캔스!

1997년 미국인 생물학자는 신혼여행으로 갔던 인도네시아 술라웨시섬의 어시장에서 판매 중인 실러캔스를 발견했어요. 알고 보니 기존에 발견되었던 실러캔스와는 다른 새로운 종이었어요!

어시장에서 팔리던 실러캔스! 과연 맛은 어떨까요?

사실, 실러캔스는 굉장히 맛없는 생선으로 알려져 있어요. 대부분 지방으로 이루어진 데다가, 육질도 왁스처럼 찐득찐득해서 소화가 잘 안 된대요. 그래서 어부들도 실러캔스를 잡으면 그냥 풀어 주는 경우가 많았다고 해요.

무려 4억 년간 그 명맥을 유지해 온 실러캔스! 하지만 현재는 개체 수가 너무 적어 어쩌면 곧 멸종할지도 모른대요. 아프리카에 서식하는 실러캔스는 만 마리, 인도네시아에 있는 실러캔스는 고작 500마리 정도밖에 안 남았다고 하네요.

119

세계 최대 크기의 등각류!
바티노무스 기간테우스

첫인상

등이 갑옷처럼 생긴 **바닷속 대왕 벌레**! 내 정체가 뭐냐고? 난 바티노무스속에 속하는 거대 등각류! 그중 가장 몸집이 크다고 해서 **바티노무스 기간테우스**라는 이름이 붙여졌어!

나는 **공벌레, 쥐며느리** 그리고 바닷가의 **갯강구** 와 똑 닮았어!

비슷하게 생기면 다 친구지 뭐~

바티노… 뭐라고? 이름 외우기가 좀 힘드네;;

으이그, 머리 좀 써 봐!

복부 쪽에는 헤엄칠 수 있는 **유영 다리**가 있어. 꼬리도 넓은 **부채 모양**을 하고 있어서 헤엄칠 때 도움이 돼.

바닷속에서 어떻게 사냐고~? 내 다리와 꼬리 덕분이지!

다다다다

내가 사는 심해에는 햇빛이 들어오지 않아 눈이 크게 발달했어! 자세히 보면 약 **4,000여 개의 작은 조각** 들이 합쳐져 있는 겹눈이지.

조각 같은 내 눈이 보이니?

앞에 무언가 있다!
더듬 더듬

큰 눈에 비해 시력이 좋은 편은 아니야. 그래서 눈을 대신할 **두 쌍의 더듬이**를 가지고 있어. 이 더듬이로 주변 사물을 파악하지!

분류 바티노무스속
크기 17~50cm(최대 75cm)
먹이 동물의 사체
서식지 심해
특징 쥐며느리와 닮은꼴

커도 너무 큰 거대 등각류 바티노무스 기간테우스!
이 대왕 벌레는 어디에서 어떻게 살아갈까요?

레츠~고고!

반전매력

우리가 깨끗하게 다 먹어 줄게~
냠 냠 오늘 동네잔치다! 냠

바티노무스 기간테우스는 매우 차가운 심해의 진흙 같은 펄에서 살아가. 주로 죽은 물고기나 오징어 등을 가리지 않고 먹어서 **심해의 청소부 역할**을 하지.

절전 모드입니다.

먹을 것이 턱없이 부족한 **심해**에서는 몸속의 **에너지**를 **최대한 절약**해야 해. 그래서 꼭 필요할 때를 제외하곤 잘 움직이지 않아.

반짝반짝 반사되는 눈

눈은 마치 **고양이**처럼 **어두운 곳에서 빛을 반사**해 반짝거려. 이래야 어두운 곳에서 좀 더 잘 볼 수 있대.

징—

정말 그대로만 자라는구나 ^^;;?

대부분의 갑각류처럼 바티노무스 기간테우스도 알이 부화할 때까지 배에 품고 다녀. 그렇게 부화한 새끼는 놀랍게도 크기만 작을 뿐 어른의 모습 그대로야.

한줄평
첫인상은 다소 징그럽지만 보면 볼수록 **매력덩어리!**

험난한 육지 적응기

해양 생물을 좋아하는 사람에게 바티노무스 기간테우스는 매우 키워 보고 싶은 매력 만점 생물이에요. 물론 키우는 것은 가능하지만 집으로 데려오기까지의 과정이 매우 험난하답니다.

심해에 사는 이 친구를 발견하기도 어렵고, 발견한다 해도 육지로 데리고 나오기가 힘들어요. 엄청난 수압을 견디며 살던 친구들을 갑작스레 물 위로 끌어 올리면 수압 변화를 이기지 못하고 죽어 버리기 때문이죠.

그래서 오랜 시간에 걸쳐 아주 천천히 끌어 올린 후에 상당한 적응 시간을 거쳐야만 비로소 사육할 수 있다고 해요. 다행히도 이렇게 적응된 친구들은 어항에서도 큰 문제 없이 살아간답니다!

등각류 간판 생물

뜻밖의 생물 정보

쥐며느리와 공벌레
우리가 흔히 알고 있는 쥐며느리와 공벌레도 육지에 살고 있는 등각류예요.
바티노무스 기간테우스와 생김새가 정말 비슷하죠?

갯강구
바닷가 방파제나 갯바위 등에 가면 쉽게 보이는 바퀴벌레 같은 녀석들!
바로 갯강구예요! 갯강구 역시 등각류 친구들과 비슷한 생김새를 하고 있답니다.

비슷하게 생겼지만 다 다른 친구들!

아감벌레, 키모토아 액시구아
바닷속에 사는 등각류 중
바다 생물에 기생하는 친구들도 있어요.
학꽁치 아가미에 붙어사는 아감벌레나
물고기 혀에 붙어 살아가는
키모토아 액시구아가 그 대표예요!

쥬~우?

키모토아 액시구아

나 먹기 싫다고?
너희가 게 맛을 알아?

좀 징그럽긴 해...

바티노무스속에 속하는
거대 등각류는 종종 식용으로
활용되기도 한답니다.
이렇게 크고 징그러운 생물을 먹는 게
상상이 잘 안 되죠?
하지만 새우나 게처럼
갑각류에 속하기 때문인지
맛도 게 맛과 비슷하다고 알려져 있어요~

속 보이는 놈, 통안어(배럴아이)

첫인상

투명한 유리구슬처럼 보이지만~

세상에…. 머릿속이 투명한 유리처럼 다 보이잖아?

투명한 머릿속에 들어 있는 눈! 그래서 내 이름은 통안어야. 해외에서는 배럴아이(Barrel-eye)라고 불리지!

도대체 눈이 어디 있다는 거야!?

내 눈을 바라봐!

내 눈이 보이니? 사실 네가 눈이라고 생각하고 있는 그 두 개의 구멍은 눈이 아니라 내 **콧구멍**이야! 그럼 눈은 어디 있냐고? 놀랍게도 **머릿속의 녹색 구슬 두 개**가 바로 내 눈이야!

난 돌고래처럼 **둥글둥글한 이마**를 가지고 있어!

내 몸 진짜 신기하지!

난 주로 **해파리나 작은 갑각류, 무척추동물**을 잡아먹고 살아. 입이 작아서 조금씩 뜯어 먹어야 해.

어느 세월에 다 먹을까?

오물 오물

배지느러미가 특히 **크게 발달**해 있고, 꼬리지느러미가 **투명**해. 또 몸은 커다란 비늘로 덮여 있어!

분류 통안어과
크기 약 10~15cm
먹이 해파리 및 작은 무척추동물
서식지 수심 400~2,500m의 심해
특징 투명한 머리와 하늘을 보고 있는 눈

124

투명한 머릿속에 꽁꽁 숨겨 둔 통안어의 눈에는
어떤 비밀이 숨겨져 있을까요?

반전매력

통안어(배럴아이)는
통안어과에 속한 물고기를 뜻하는 이름이야.
수심 400~2,500m 사이의 **매우 깊은 바다**에 서식하지.

가장 큰 특징은 바로 **투명한 머리에 들어 있는 눈**이야.
녹색으로 빛나는 한 쌍의 구슬 모양 형태를 하고 있어.

측면으로 한 쌍의 눈이 더 있는 통안어도 있어!
이 눈은 적은 양의 빛을 모아 시야를 확보할 수 있어.

수심 깊은 곳에 사는
통안어의 눈은 위에 떠다니는
천적이나 먹잇감을 보기 위한
방식으로 발달했어. 또 **360도**로
움직일 수 있어서 넓은 각도로
물체를 볼 수 있지.

한줄평
충격적이고
신비한 형태의
눈을 가지고 있는 생물

125

뜻밖의 생물 정보

독특해도 너무 독특해!

강제 신비주의 통안어!

통안어는 가끔 사체로만 발견될 뿐 살아 있는 모습은 볼 수 없었어요. 비교적 최근인 2004년에서야 살아 있는 통안어의 모습을 카메라에 담을 수 있었답니다. 그리고 그 모습은 2009년에서야 공개되었죠.

통안어의 눈이 투명한 머릿속에 들어 있는 이유!

통안어는 종종 관해파리류의 먹이를 뺏어 먹어요. 이때 독을 가진 해파리의 촉수로부터 눈을 보호하기 위해 투명한 머리 안에 눈을 넣어 두는 거예요.

독특한 통안어의 번식 방법!

보통의 물고기는 안전한 곳에 알을 낳고 수컷이 그 위에 정자를 뿌려 수정해요. 하지만 통안어의 경우 암컷과 수컷이 각각 알과 정자를 수중에 방출하여 수정해요. 수정된 알도 그냥 바닷속을 떠다니다 부화해요.

미지의 심해 생물

뜻밖의 생물 정보

아직은 알려진 게 너무도 적은 심해 생물!
또 어떤 종들이 있을까요?

펠리컨장어
주머니장어, 자루장어라고도 불려요.
펠리컨장어라는 이름답게 입이 펠리컨처럼 아주 커요.
입을 벌리고 물을 빨아들여서 물고기를 잡아먹는답니다.

송곳니물고기
지금까지 발견된 물고기 중에서 가장 깊은 해저 2,000~5,000m 사이에 살고 있어요.
무시무시한 이빨 때문에 송곳니물고기라 불려요.
다행히도 크기는 15cm 전후로, 그렇게 크지 않다고 해요.

세발치
수심 약 800~4,000m 사이에서 발견되며
눈이 퇴화하여 앞을 보지 못한대요.
대신 3개의 긴 지느러미가 눈 역할을 한다고 해요.
헤엄치다 바닥에 지느러미를 삼각대처럼 고정하고
쉬는 특이한 물고기랍니다.

세상에서 젤 귀여운 문어!
덤보문어

 **첫인상**

무슨 문어가 이렇게 귀엽냐고? 어때? 이 정도면 세.젤.귀 인정??

내 이름은 만화 주인공인 아기 코끼리 덤보의 이름을 따 지어졌어. 머리에 달린 지느러미가 **덤보의 귀**를 닮았기 때문이지!

ㅇㅈ? / 어 인정~ / 귀여워! / 펄럭 펄럭 / 덤보보다 내가 더 귀여워!

혓바닥을 내밀고 있는 것처럼 보이는 건 사실 혀가 아니라 물을 내뿜는 **수관**이야!

혀 내밀고 귀여운 척 좀 그만해! / 힝…. 구냥 난 이렇게 태어난 곤데…. / 실기 물편

난 눈 큰 문어가 좋더라? / 철벽 / 안타깝네. 나는 눈이 진짜 작은데.

난 상황에 따라 **피부를 수축**해서 눈을 작게 뜰 수도 있고 아예 감춰 버릴 수도 있어!

내 다리는 문어가 맞나 싶을 정도로 매우 짧아 보여. 하지만 그건 **피부막**이 다리 사이 사이를 넓게 덮고 있어서 그런 거야!

너는 숏다리네? / 쭈욱 / 아니야 나도 길어!

내 몸은 주로 **노란색**이지만 상황에 따라 다양하게 **변할 수 있어!**

분류 우무문어과
크기 20~30cm(최대 1m 이상)
먹이 무척추동물
서식지 수심 1,000~7,000m의 심해
특징 귀여운 외모와 덤보 귀를 닮은 지느러미

살아 움직이는 만화 캐릭터 같은 귀요미 덤보문어!
덤보문어는 심해에서 어떻게 살아갈까요?

레츠~고고!

반전매력

찾았다, 덤보문어! 이렇게 깊은 곳에 있었구나!
7000m
기어코 날 찾아내다니!

덤보문어는 지구상에 존재하는 모든 문어 중 **가장 깊은 곳에 서식**해. 보통 수심 1,000m~5,000m 사이의 심해에서 발견되지. 2020년엔 무려 7,000m 깊이의 자바 해구에서 발견되기도 했어!

아주 깊은 바다에 살기 때문에 천적이 많지 않아. 하지만 종종 **참치, 상어 및 돌고래** 등에 잡아먹히기도 해.

귀여워서 마음이 문어지네….ㅠ
뽀짝 뽀짝

형님으로 모실게요.
눈치
포스작렬

보통 크기가 20~30cm 정도지만 무려 1.8m 길이에 무게가 5.9kg이나 나가는 **초대형 덤보문어**가 발견되기도 했어.

내 지느러미는 만능열쇠~!

덤보문어는 일반적인 문어와는 다르게 물을 뿜어 추진력을 얻지 못해. 그래서 귀처럼 생긴 **지느러미**를 천천히 펄럭이며 헤엄치는데, 이를 이용해 방향 전환도 하고 먹이를 찾아 돌아다닐 수도 있어!

한줄평

귀처럼 생긴 지느러미가 매력적인 **문어계의 최강 귀요미!**

뜻밖의 생물 정보

숨겨 왔던 번식의 비밀

덤보문어 번식의 비밀!
덤보문어의 개체 수에 비해 이들이 사는 심해는 너무나도 넓어요. 그래서 번식을 위해 매번 짝을 찾기가 어려워요. 이런 상황 때문에 암컷은 단계별로 성숙한 여러 개의 난자를 항상 지니고 있어요!

"내 님을 위해 철저히 준비해 놓아야지!"

"아, 지금은 안 되겠다. 보는 눈이 너무 많네."

암컷은 또한 수컷과 짝짓기를 한 후에도 몸속에 오랫동안 정자를 보관할 수 있어요. 그래서 산란할 수 있는 환경이나 시기에 맞춰 언제든 알을 수정시킬 수 있답니다!

산란하기 적당한 환경을 찾으면 단단한 껍데기로 둘러싸인 알을 낳아요. 그런데 다른 문어들과는 다르게 알이 부화할 때까지 곁을 지키지 않고 그대로 떠나 버린답니다.

"엄마 어디 가요?"

"나는 쿨한 맘!"

휭!

어두운 심해라 너무 좋아!

뜻밖의 생물 정보

넌 먹물주머니도 없냐?

난 없어도 잘 살거든요~

대부분의 문어는 천적으로부터 몸을 피할 때 먹물을 뿜어 시야를 방해해요. 그런데 덤보문어의 경우 먹물주머니를 가지고 있지 않아요. 빛이 들어오지 않는 어두운 심해에서는 먹물이 필요 없기 때문이죠!

또 아주 깊은 바다에만 살다 보니, 인간이 쳐 놓은 그물이나 낚싯대 등에 거의 잡히지 않아요. 그래서 인간의 위협으로부터 가장 안전한 생물로 알려져 있기도 해요!

인간이 우리를 위협할 수는 없지롱.

후후…. 또 어떤 문어가 발견될지 궁금하지?

아직도 바닷속엔 우리가 모르는 새로운 종의 문어들이 살고 있대요. 앞으로 어떤 멋진 문어가 발견될지 기대해 보는 것도 좋겠죠?

바닷물에 머리만 둥둥, 개복치

첫인상

머리만 둥둥 떠다녀! 누구세요?

내 이름은 복어류를 뜻하는 '복치'와 어떤 대상을 낮춰 부를 때 사용하는 '개'라는 단어가 합쳐져 '개복치'야.

대체 왜 나를 낮춰 부르는 거야?

글쎄? 이해 불가

내 몸의 위쪽은 흑청색, 아래쪽은 회백색을 띠고 있어. 피부는 굉장히 두꺼워.

난 등지느러미와 뒷지느러미가 위아래로 길게 발달해 있어. 꼬리지느러미는 8~9개의 골판을 가진 키지느러미로 발달해 있지.

어때, 압도적이지! 이렇게 크다고?

머리만 있는 게 아니라고! 있을 건 다 있어!

이목구비는 좀 작은 편이지? 헤헤.

나는 평균 크기가 2~4m, 평균 몸무게가 무려 1,000kg일 만큼 엄청나게 커.

하지만 눈과 입, 그리고 아가미구멍은 덩치보다 상당히 작은 편이야.

분류 개복치과
크기 2~4m
먹이 잡식성
서식지 온대, 열대 바다
특징 머리만 달린 듯한 체형

독특한 생김새부터 엄청난 크기까지, 개성 만점 개복치!
심지어 전 세계의 어류 중 가장 많은 알을 산란한다고 하는데요!
얼마나 많은 알을 낳는지 자세히 알아볼까요?

출산의 여왕 개복치

개복치는 지금까지 알려진 모든 어류 중
가장 많은 알을 낳는 물고기로 알려져 있어.
개복치가 한 번에 산란하는 알의 수가 무려 3억 개나 된대!

암컷이 완두콩 정도 크기의 알을 물속에 뿌리면
그 위에 수컷의 정자가 붙는 체외 수정을 통해 번식해.

자라면서 괴상하게 변하는 개복치!

개복치가 태어날 때부터 이렇게 특이한 모습인 건 아니야.
태어난 지 얼마 안 된 개복치는 일반적인 물고기와 같은 모습이야.
하지만 성체로 자랄수록 꼬리가 짧아지면서
우리가 아는 개복치의 모습이 돼.

개복치는 주로 작은 물고기나 갑각류, 해파리 등을 잡아먹고 살아가.
성체가 된 개복치는 크기 때문에 천적이 많지는 않아.
하지만 바다사자나 범고래, 상어 등에 잡아먹히기도 해.

한줄평

어마어마한 크기만큼이나 엄청난 수의 알을 낳는 개복치!

뜻밖의 생물 정보

바다의 의사 선생님

개복치의 피부는 굉장히 단단해서 작은 물고기들이 개복치의 피부에 몸을 비벼 기생충을 떼어 낸대요. 이때 분비되는 항생 물질에는 의학 효과도 있어서 개복치는 '바다의 의사'라고 불리기도 해요.

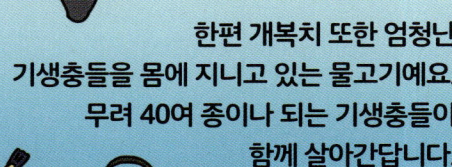

한편 개복치 또한 엄청난 기생충들을 몸에 지니고 있는 물고기예요. 무려 40여 종이나 되는 기생충들이 함께 살아간답니다.

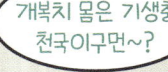

식용으로도 활용되는 개복치!

개복치는 일부 지역에서 식용으로도 활용되는 물고기예요. 개복치의 껍질은 감칠맛이 뛰어나지만, 껍질 아래 지방층의 경우 아무런 맛이 안 느껴지는 심심한 맛이라고 해요.

유리 멘탈의 진실

연약하거나 쉽게 죽는 동물, 또는 마음이 쉽게 다치는 여린 사람을 개복치에 비유할 때가 많아요. 그만큼 개복치는 아주 약하고 조금만 건드려도 죽어 버리는 동물로 우리에게 인식되고 있어요. 그런데 말입니다, 개복치는 정말 약한 생물일까요?

정답은 ✗!

사실 자연에서의 개복치는 생각보다 튼튼한 물고기예요. 물론 어려서 작을 때는 수많은 포식자에게 잡아먹혀 대부분 죽지만, 어른 개복치는 피부도 단단하고 덩치도 매우 큰 강한 물고기지요.

하지만 자연이 아닌 인위적인 환경에서 사육될 땐 여러 가지 이유로 쉽게 죽는 경우가 많아요. 넓은 바닷속을 헤엄치며 살던 커다란 개복치가 좁은 수조 속에 살면 쉽게 죽는 게 당연할지도 모르겠네요.

TV생물도감이 여러분을 위해 준비한 깜짝 미션!

① 여러분! 브로마이드를 크~게 펼쳐 보아요.
② 앗!? 브로마이드에 텅 빈 곳이 보이나요? 바다 생물 몇 마리가 도망쳤어요!
③ 책의 맨 뒤를 펼쳐 보세요. 바다 생물 스티커가 들어 있어요.
스티커를 붙여서 빈 곳을 채워 보아요.
④ 완벽한 바닷속 신비 생물 30마리 브로마이드 완성!